Jouissance Club

UNE CARTOGRAPHIE DU PLAISIR

あなたのセックスによろしく
快楽へ導く挿入以外の140の技法ガイド

ジュン・プラ
吉田良子(訳)／高橋幸子(医療監修)

CCCメディアハウス

JÜNE PLÃ : "JOUISSANCE CLUB"
© Hachette Livre (Marabout), Paris, 2020
This book is published in Japan by arrangement with Hachette Livre
through le Bureau des Copyrights Français, Tokyo.

CONTENTS

序文 ⋯⋯⋯⋯⋯⋯⋯⋯⋯⋯⋯⋯⋯⋯⋯⋯ P006

ジュイサンス・クラブへようこそ ⋯⋯⋯⋯ P009

あなたのセックスによろしく ⋯⋯⋯⋯⋯ P029

CHAPTER 1. ヴァルヴァの秘密 ⋯⋯⋯⋯⋯ P032

CHAPTER 2. ペニスの秘密 ⋯⋯⋯⋯⋯⋯⋯ P076

さあ、セックスしましょう ⋯⋯⋯⋯⋯⋯ P103

CHAPTER 1. ヴァルヴァを持つ人の性感帯 ⋯⋯ P104

CHAPTER 2. ペニスを持つ人の性感帯 ⋯⋯⋯ P174

CHAPTER 3. ユニセックス ⋯⋯⋯⋯⋯⋯⋯ P226

おわりに ⋯⋯⋯⋯⋯⋯⋯⋯⋯⋯⋯⋯⋯⋯⋯ P246

参考サイト・SOS窓口　リンク集 ⋯⋯⋯⋯⋯ P253

ニッキーへ

《 セックスについて話そう、ベイビー
あなたと私について話そう
いいことのすべて、
そして、よくないかもしれないことの
すべてについて話そう
セックスについて話そう 》

ソルト・ン・ペパ
〔アメリカのヒップホップグループ〕

序文

　セクシュアリティについて、人は語らない。いや、セクシュアリティという言葉は、新聞でもテレビでも仲間うちの食事会でもいたるところで見聞きする。けれども、複雑で変わった話になると、ごまかしたり隠したり避けられたりするのだ。

　性教育の授業は行われず、性革命も起こらない。世の中には常に無言の圧力がある。冷ややかで皮肉に満ちて、性行為や快楽は画一的であるのが正しいとする圧力だ。それ以外のもの、つまり、異なっているものやよく知られていないものは、存在しないことにされる。いや、もっと悪いことに、嘲りの対象になっている。セクシュアリティは、解放されているように見えながら、実は抑圧的で規範的になり得るテーマだ。そして我々は、セクシュアリティの探求を始めたばかり。快感を得る方法も与える方法も、そしてリズムや周期も無数に存在する。セクシュアリティに優劣は一切ないし、評価や競争もない。

　幸いなことに、いまは明るい兆しが見えている。本書のような書物が、これからのセクシュアリティを刺激的で情報豊かなものにしてくれるだろう。なぜなら、快楽を得るには知識が必要だからだ。そしてまた、いまのセクシュアリティが、

決めつけや押し付けられた表現に満ちていることからもわかるように、セクシュアリティは先天的なものではないからだ。我々は自分の体のことを知らない。パートナーの体のことも知らない。この現実を変えなくてはいけない。いま、"ジュイサンス・クラブ"（@jouissance.club）のようなインスタグラムやソーシャル・ネットワークを通じて、性革命が行われようとしている。これらの場では、さまざまな意見を制限されることなく発信できる。そしてここで交わされた情報が、性教育を受けていないか、誤った知識を植えつけられたまま、硬直した役割分担を課されて、自由もなく快楽も知らずに、抑圧されて生きている多くの男性たちと女性たちに伝わることだろう。

　我々が必要としているのは、体制側や専門家の話ではなく、個人一人ひとりの声だ。自己探求をして、アイデアや解決策を発してくれる男性たちと女性たちの声、フェミニズムによる公平で驚くべきセクシュアリティを発明し想像する、男性たちと女性たちの声である。

マルタン・パージュ〔フランスの作家〕

Jouissance Club【ジュイサンス・クラブ】

本書の著者であるジュン・プラが運営するインスタグラムアカウント
（@jouissance.club）。セクシャリティを限定しないシンプルなイラ
ストで、セックスに関する創造的なティップスを発信し、2021年5
月現在で85万人のフォロワーを擁する。

Bienvenue au club

ジュイサンス・クラブへようこそ

　私の本を手に取ってくれて、どうも有難う。この本を選んだということは、あなたはとても誠実な人。だからきっと成熟した性生活と大きな祝福を得ることだろう。

　私はジュン。子どもの頃から絵を描くのが大好きで、(とても運よく)それを仕事にすることができた。いまはオンライン・ゲームのキャラクターをデザインしている。

　私が育ったのは、マルセイユ近くの、プロヴァンスの丘が連なる自然豊かな土地。そこは世界で最も美しい、けれども同時に、世界で最も男尊女卑の激

しい町だった。

　「フェミニズム」とは決して下品な言葉ではないこと、そして、女性にも男性と同じだけの敬意が払われるべきだということを知ったのは、かなり遅くなってからだった。なにしろ、「女は運転がヘタだ」「女の子みたいな走り方をするな」「天才は男だと決まっている」「お母さんと一緒に片付けをしろ」といったセリフや女性蔑視の卑猥な冗談ばかりを浴びせられたので、女性はあらゆる面で男性より劣ると信じ込んでいたからだ。いいえ、それどころか、無意識にこの考えを広めてもいた。フェミニストを猛烈に非難することで……。「フェミニスト」になるなんて、考えもしなかった。「ヒステリー女」と呼ばれて馬鹿にされたいなんて、いったい誰が思う？　でも、いまは確信している。これまで出会った男性たちもまた、家父長制の犠牲者だったのだと。こう思うと、深い苛立ちを感じることもままあるけれど……。

　そう、だからこそ、戦うべきだ。叫んで、怒って、はびこっている社会通念を燃やしてしまうべきだ。いまの私は、戦う彼女たちを尊敬している。人が聞きたがらないことを敢えて声高に主張する、その勇気と力を賞賛している。私たちは大きなチームを組んで、それぞれのやり方で勝利を目指しているのだと思いたい。サッカーチームだったら、私のポジションはフォワードよりもミッドフィルダー。私には仲介役が向いている。怒りにやさしさと好意を結びつければ、どんな相手でも考え方を変えさせることができると信じているから。私はフェミニストとして、すべての人の善意と知性を信じている。それに、私たちが力を合わせなかったら、どうやって難局を乗り切ることができるだろう？　だから私のフェミニズムは、女性のためだけの戦いではないし、女性だけによる戦いでもない。時と共に変化したので、いまは「ヒューマニズム」と呼んだほうがいいかもしれない。はっきり言えるのは、フェミニストとは、あらゆる形の差別と戦う存在だということ。シスジェンダー＊のためだけに戦っているわけじゃな

い。(ところで、シスジェンダーという言葉を知っている?　もしもあなたが、生まれつきヴァルヴァ[外陰部]をもっていて、割り当てられた「女性」という性を認めているならば、つまり、あなたは女性のシスジェンダー)。戦いに序列をつけたくもない。すべての戦いが重要なのだから。それを認めなかったら、あるカテゴリに属する人たち(この場合は、性的マイノリティ)はいまだに、そしてこれからもずっと劣っていることになってしまう。それは絶対にダメ!

　そんな考え方はしたくない。「そういう主張はまだ早い」とか「優先順位が低い」とか「もっと差し迫った問題がある」などと言って、マイノリティの人々から目を背ける人間の仲間にはなりたくない。

　間違えたり失敗したりしながらも、私は少しずつ、「人間」を優先することを学んでいる。この「人間」とは、一定のカテゴリに属する人間を指すのではなく、広い意味での単なる「人間」のこと。どんな人でも結局は「不平等」という同じ相手と戦っているのだから。

　私のフェミニズムは、誰のことも排除しない。ジェンダーも性的指向も身体能力も銀行口座の残額も国籍も健康保険の番号もほとんど価値を持たない。敬意こそが、受けるべき基本的な権利だ。

　ところで、本書ではなるべく「男性」「女性」という言葉を使わないようにした。《世の中は男性と女性の二つの性からできていて、ペニスがあるのが男性で、ヴァルヴァがあるのは女性だ》と思いたがる人が大多数だとしても、この社会にはインターセックス*やトランスジェンダー*やXジェンダー*やジェンダーフルイド*やジェンダーレス*やこれらの複数に属する人たちがいるからだ。もっとも、この多様さに私たちの習慣がついていけずにいるけれど……。トランスジェン

ダーの人たちが目立たないとしたら、それはマイノリティだからであって、存在しないからではない。そのことを忘れないで。私はすべての人に、おだやかな気持ちでこの本を楽しんでほしい。だから、「ペニスを持つ人」とか「ヴァルヴァを持つ人」とかいった表現を使うことにする。わかってくれた？

　そしてフェミニズムに対するのと同じくらい、私が情熱を傾けているのが、「セックス」。恥ずかしいと思わずにこう言えるようになるには、随分時間がかかってしまった。というのも、世間では、セックスが好きな女性はふしだらで淫乱で感染症にかかっているとみなされるから。でも、この考えは間違っている。私は梅毒にかかったことは一度もないけれど、かかったとしても、そのことで絶望するつもりはない。でも、感染症の話はここまで！　皆さん、あまり関心がなさそうだから。とにかく、ここまで読んでくれたのだから、この本が何を語っているのかはわかってくれたはず。それでは先に進みましょう。

＊シスジェンダー：生まれた時に割り当てられた性と性
自認（自分で認識している性）が一致している人

＊インターセックス：生まれつき体の性的特徴が、「男性」
あるいは「女性」とされる典型的な定義に一致しない人。
英語圏では正式名の略称DSDが用いられ、日本語でも
性分化疾患という言葉があるが、この本では原文に忠実
にインターセックスと訳した

＊トランスジェンダー：生まれた時に割り当てられた性
と性自認が異なる人

＊Ｘジェンダー（エックスジェンダー）：男性・女性のい
ずれか一方に限定しない性別の立場を取る人。ノンバイ
ナリーともいう

＊ジェンダーフルイド：性自認が一定ではなく、流動的
に変わる人

＊ジェンダーレス：生物学的な性差を前提とした社会的、
文化的性差をなくそうとする考え方

この本で語ること

　まず、お断りしておくけれど、『ジュイサンス・クラブ』で話題になるのは、脱コンプレックスと自虐ネタと思いやり。だから、それを忘れずに読んでほしい。この本には、「性器の挿入」を伴わないセックスについて知っておくべきことがほんの少しだけ書かれている。挿入についてはよくご存じだと思うので、イラストは描かなかった。でも、その代わりに、もっと面白いイラストをたくさん載せてある。この本を買って損したと思われたくなかったので、ものすごく頑張った。こんなにきつい仕事をこなしたのは、あなたやあなたのパートナーに十分なセクシュアリティを開発してもらいたいと願うから。もしかしたら、あなたは自分をエキスパートだと思っているかもしれない。たとえそうであっても、これからあなたとセックスできる幸せな人を喜ばせる新しい方法を教えたい。そのために、まさに昼夜を分かたず励んできた。新しい指使いのテクニックを探し、フェラチオの形を改良し、その他もろもろ……。あまりに酷使したので、かわいそうに私のアソコはすりへってしまった。だから、ネットのレビューで、この本に最高評価をつけていただけたなら、とても嬉しい。ところで、この本で提案するのは、あなたのペースでセックスして、快楽のヴァリエーションを増やすこと。一人でしてもいいし、二人でも、いやもっと大勢でも構わない。ジェンダーも性的指向も肌の色も関係ない。処女でも色情症*でも、あるいはその両方でも構わない。わかるでしょう？　つまり、この本はすべての人のために書かれている。セックスが好きではない人は別だけど……。

ここでは、わかりやすくオープンな方法でセクシュアリティを扱うようにした。すべての人に必要な情報を手に入れてほしいから。そうすれば、想像力に磨きをかけて、こんなにも長い間、社会から押しつけられてきたプレッシャーと要求をはねつけることができるはず。セックスがストレスの種になってはいけない。このクラブでは、セックスは、食事と森の中の散策とブランディ＆モニカ（R＆B歌手）と並んで、体験する価値のあるごくわずかなもののひとつになっている。セックスとはまさしく愛。生涯のパートナー、あるいは一回限りの相手と交わす愛。幸せの分かち合いであり、その源にほかならない。あなたの両親もセックスが好きなはず。だって、あなたがここにいるってことは……・ええと……まあ、いいわ。セックスは人生そのもの、そしてたいていの場合、お金はかからない。

　この本で語るのは、まさに簡単な解剖学の講義。そこに加えたのが、二つの性に関する多様な性感帯のカルトグラフィーと、快感やオーガズムや喜びなどの反応を引き起こす動きの調査結果だ。この調査は、同意の得られた成人を対象に数年間にわたって行った。実験台にされた動物は、私のプッシーだけ。もちろん、すべての方法がすべての人に合うわけじゃない。私たちは一人ひとりが違うのだから。セクシュアリティを開発するにあたって大切なのは、カップル間のコミュニケーションこそが重要だと気づくこと。ある動きが誰かを歓ばせたとしても、別の人にも同じだとは限らない。だからこそ、話して、聞いて、そして、しょっちゅう問い直すことが欠かせない。わかった？

ねえ、ジュン、どうしてこの本を書いたの？

　ひとつは、自分自身に問いかけるのが好きだから。そして、もうひとつは、自分のセクシュアリティに向き合っていないことが、ずっと後ろめたかったか

ら。本当に満たされているとは言えない何かをいつも感じていた。こんなふうに感じるのは私だけではないと知って少しは安心したけれど、いくら考えてもやっぱり、どこが悪いのかわからなかった。

　アダルト作品をたくさん観たので、セックスには馴れているはずだった。それなのに、いつも同じ失敗ばかり繰り返していた。挿入されると痛かったし、相手が変わっても、パターンはまるきり同じだった。はじまりは例外なくクンニリングスかフェラチオ。この目的はただひとつ、すべりをよくして、待ち望まれる性交の場を整えること。そして「ドン!」と性器がぶつかりあい、「ビシャッ!」と射精し（変化をつけるために、"顔射"することも）、そしてお片付け。これで満足していたから、ある意味ではよかった。でも、いつも、「またこれか……」と物足りなさも感じていた。

　はっきりしているのは、オーガズムを得るかどうかだけが問題ではないこと。オーガズムは、セックスという氷山のうち、目に見えるほんの一部分に過ぎないのだから……。そう、私をうんざりさせていたのは、すべてにおいて絶望的なまでにときめきがないことだった。相手が誰でも飽きることなく同じコースが繰り返される。毎日、同じ料理を食べ続けたら、と想像してほしい。月曜日はポテト、火曜日もポテト、水曜日も……。わびしくなるに決まっている。それなのに、セックスとなると、どうしてワンパターンを押し付けるの？　服は流行に合わせて替えるし、新しい料理には積極的にチャレンジする。パートナーを変えるのだっていまの時代なら珍しくない。私たちは新しいものが好きだ。新しいものを見るとすぐに試してみたくなる。それなのにセックスには、新しいものが……何もない。

　ある晴れた日、パイプをふかしながら遠くを見ていた時、私はふいに悟っ

た。私たちがいつも同じ方法でセックスするのはあたり前なのだと。どうやればいいのか知らないのだから。私たちにセックスの「コツとヒント」を教えてくれる人は誰もいなかった。タダで手に入る教材と言えば、人気のアダルト作品だけ。ところが、これがまた、驚くばかりに似ていた。もちろん、まったく同じはずはなく、設定は変化に富んでいる。マダムの家に水漏れ修理に来た配管工、みだらな異母妹、邪悪な老人、色っぽい年上女性と童貞男、そしてエイリアン……。選ぶのに迷うけれども、いざ始まってみると、違っているのは背景だけ。そして、耐え難いまでに想像力が欠如しているのが、最も重要な場面、つまりセックスだった！ その哀しいくらいのみすぼらしさといったら……。あまりにも単純すぎる。前戯、性交、射精。そしてまた、前戯、性交、射精。ああっ、もう、たくさん！

　アダルト作品を観た人は、ペニスが支配者として挿入されるのだと思い込む。そして、ヴァルヴァは受け入れるだけだが、その嬌声を聞く限りではどうやら満足しているらしいと考える。おかげで、哀れな私たちは"イッたふり"をするはめになる。考えすぎないほうが楽だから。そして、それが問題になることは決してない。でも、もしも私たちが役割を交換して、ペニスのあるヘテロセクシュアル*の人が挿入されたとしたら？　どうして、ペニスを持った途端に、挿入されることが問題になるの？　その体位が、服従や支配されることを連想させるから？　ゲイであることや女性器を備えていることが服従と同じ意味を持つなんて、私は絶対に思わない。

　挿入のイメージ作りに関しては、普通の映画にも大きな責任がある。シスジェンダーでヘテロセクシュアルのカップルが性交して、挿入と同時に二人一緒にオーガズムに達するシーンを嫌というほど見せつけるから。どれだけ多くの人が、このシーンを不自然に感じていることか。ここでは、挿入がもたらす

オーガズムは絶対的なもの、少なくともノーマルなものとされている。そして、このノーマルの観念が、女性器の中に挿入できない人たちをひどく傷つける。そういう人はとても多いのに！

　ノーマルでありたいという願いが、多くの不都合を生み出す。無意識のうちに、勃起不全や挿入時の痛みが起きたり、勝手に限界を感じたりする。そして、自分のペニスでパートナーをオーガズムに導くことはできないと思ってしまうのだ。相手が"イッたふり"をしてくれないならば……。

　ここで、初心に戻って、もっと豊かでもっと公平なセックスをしてみよう。そのたびごとに違う特別な時間を過ごすことができるはず。

　なぜなら、性交とはすばらしいものだから。そう、性交がもたらす快楽を否定しようなんてまったく思っていない。私が問題にしているのは、挿入ばかりが繰り返されてセクシュアリティの中心になっていること、つまり挿入がなくてはならないとされている現実だ。

　挿入が中心になっているからこそ、「前戯」という言葉が作られた。
　名前からわかるように、「前戯」はセックスとして認められていない。その証拠に、こんなセリフをよく耳にする。「前戯の時はいいんだけどね。いざセックスとなると、相手が痛がるんだ。どうすればいい？」と。
　まず、この「前戯」という不快な言葉を使わないことから始めよう。
　一般に「前戯」と呼ばれている行為は、本当のセックスとして認められるべきもの。だって、そうでなかったら、レズビアンの性行為はただの前戯になってしまう。まさか、そんなはずはないでしょう？

セックスは手でもできる。舌でも紐でもアクセサリーでも、足でも頭でも……。それから、性器以外の場所を愛撫するのも、愛の行為には不可欠。ところがこれが無駄だとみなされることがある。快楽の中心は性器だと思われているせいだ。でも、体というのは全身が性感帯。性器に触れられなくてもオーガズムに達する人もいる。誰もが自分のやり方や感じる場所を持っている。生殖器以外にも開発すべきものは数知れない！

　花束を贈るのも前戯。好意を抱くこと、ショートメッセージを送ること、"小さなあごひげ"（日本の『にらめっこ』に似た遊び歌）ごっこをすることだって……。

　もしかして、恋人がヘタだと思っている？　パートナーがうまくできないのは、たぶん、あなたにどう触ったらいいかを教わっていないから。どうすれば感じるかを知っているのはあなただけ。それを教えてあげて！　それとも、創造力がなくて受け身な相手に嫌気がさしている？　だったら放っておいてはいけない。されるがままになっているのは、どうすればもっとよくなるかを知らないから。つまり、自分の体を知らないということ。それに、快感をあらわにするのを恐れているのかもしれない。慎みがないとか下品だとか興ざめだとか思われるかもしれないと……。それともあるいは、退屈させるのを不安に思っている？　一緒にオーガズムに達するのは難しいし、時間がかかるかもしれないから……。

　ああ、なんてめんどくさい！　まず、簡単なことから始めよう。射精しなくてはいけない、オーガズムを感じなくてはいけない、挿入しなくてはいけない、と考えるのをやめること！　なぜなら、この３つは、性行為の終わりを示すものだから。さっさと終わらせたいなんて、本当に思っている？　いいえ、そんなはずはない。うまくいった時はあんなにイイのだもの。私の意見では、早く済ませてほしいと思うのは、つまり……それは……誰かと……比べて……。ごめ

んなさい、こんなことを口にして。

　ゆっくり時間をかけて、指で、口で、目で、愛撫で感じよう。愛し合い、尊重し合いたい！　私たちはいつも急いでいる。「早く！　カップラーメンが伸びちゃう」「早く！　仕事に行かなくちゃ」「早く！　遊びに行くんだから」「早く！　この論文は長すぎて、これじゃあタイトルしか読めない」「早く、早く、早く！」

　ストープ！　深呼吸して。

　話を創造性に戻そう。コンフォートゾーンから抜け出して、ちょっと考えてみて。もしも挿入が数多くの行為の中のひとつにすぎないとしたら、セックスはどうなってしまうでしょう？

　難しい？　それがあたり前で、あなたはとってもノーマル。この仕組みから抜け出すには、たくさんの問題を考え直して想像力を働かせなくてはいけない。料理だったら、本やブログからアイデアがもらえる。「そうだわ。このチョコレートケーキにカニかまを入れたらどう？　好きなブログのレシピに出ていたっけ」とか……。ちょっと待って、いま、ひらめいたことが二つある。ひとつは、この本は、これまでになかったセックスのレシピ本になるかもしれないということ。そしてもうひとつ、チョコレートケーキにカニかまを混ぜたなら、たぶん悲惨なことになる……。

　セックスをするたびに、新しいテクニックか新しいファンタズムを試すことから始めよう。新しいことを何かひとつ付け加えてみる。たったひとつの素材とレシピが、まったく違う味わいを生み出してくれるはず。すべてを考え直す必要はない。それでは複雑になりすぎるから。セックスが難問になってしまったら困るでしょう？

私がこの本を書いたのは、私たちの想像力を働かせるため、コンフォート
ゾーンから抜け出してより豊かで成熟したセクシュアリティを発見するためだ。
私たちに備わっているのが、ヴァルヴァでもディックリト＊でもペニスでもその
他でも。

＊**色情症**：性欲が過剰な状態のこと

＊**ヘテロセクシュアル**：異性愛者

＊**ディックリト**：肥大化したクリトリス（陰核）のこと。
　詳しくは44ページを参照

成熟したセクシュアリティを
支えるもの

　セックスに決まりなんてない、と思うかもしれない。大切なのは、感じること、手放すこと、その場に身をゆだねること、体をより完全なものに高めることだと……。でも、ここでもう一歩進めたい。セックスが誰にとっても安全で魅力的な場になるためには、やっぱり規則が必要。社会にだって簡単な決まりごとがあるでしょう？　礼儀正しくする、挨拶する、お礼を言う……。でも、セックスに関しては、私がある時期に知っていたのは《前もって脱毛しておく》と《立派に勃起する》だけだった。「それしかないのか、若造め！」という声が聞こえてきそう。だから、もっと深く考えましょう。

　これからお話しするのは、単純だけれども決して無視できない7つの基本。すべての人に理解し実践してほしい。

同意

　「同意」の概念は、人によって大きく異なる……。あなたは間違いなく礼儀正しくて知的な人だから、パートナーとの間には越えてはならない一線があって、それについては前もって話し合うべきだとわかっている。でも、そんなことを考えもしなかった人たちに向けて、少しお話ししておきたい。

　「ノー」と言われると、かえって意固地になって、こちらの思いどおりにしたくなることがある。これは実に深刻な問題。セックスでも普通の生活でも、「ノー」

というのは、「嫌だ！」という意味なのに。だから、ゆっくり時間をとって、パートナーが自分のペースで進めるようにしてあげよう。これは基本的なことなので、誰にでも理解できるし守れるはずだと思う。

ただ、ここで問題になるのは、はっきり「ノー」と言えない人がいること。相手を失望させたくないとか、自分が欲情していないのが申し訳ないとか、過去に何やらあったとか、理由はいろいろ。こうした人たちは、「ノー」の気持ちを「いつもと違う」しぐさで表現するものだ。たとえば、後ずさりする、手で押しのける（そっと、ではあるけれど）、キスの仕方が変わる、顔がこわばる、愛撫していた手が止まる、体が反応しない、など。

長く続いているカップルの間でも、はっきり同意したかどうかがまったく考慮されないことがある。ここでもまた、しぐさが重要な意味を持つ。夫婦の務め（なんておぞましい言葉……）と信じているものを果たそうとして、欲していないのに身を任せる人もいるからだ。こうした人たちは、拒絶しないし、「ノー」とも言わない。だから、コトを進めようとした時に、相手が興奮していない様子だったり乗り気でなかったり反応が鈍かったりしたら、体の接触は一切やめて、会話をしてみたほうがいい。現代でもいまだに多くの人が、配偶者との性交渉に仕方なく応じている。だけど、安心して。はっきり言わせてもらうから。欲望がなくなったからと言って、愛がなくなったわけじゃない。欲望は生まれたり消えたりするもので、完全になくなることもある。出会った頃の情熱は永遠には続かない。だからそうなってしまったら、過ぎ去った季節にはきっぱりお別れしたほうがいい。そして、新しい方法で、愛し合ったりセックスしたりしてみよう。

コミュニケーション

これこそが、成熟した性生活と愛情生活の土台。コミュニケーションをない

がしろにするならば、この本のアドバイスはまったく役に立たない。もちろん、言うのは簡単だとわかっているけれど。いいことでも悪いことでも、何かをはっきり口にするのを恐れたり恥ずかしがったりしてはいけない。嫌だと思うことがあったら、ためらわずに相手に告げよう。勘違いをさせたままにしておくと、不快な行為が繰り返されて、我慢するうちにますます言い出しにくくなる。沈黙は無意識のうちに拒絶反応を引き起こし、あなたの性生活を左右してしまう。あなたがパートナーとコミュニケーションを取っていないなら、私のアドバイスは何の役にも立たない。自分をよりよい状態にしていまという瞬間を味わうには、誰もが気持ちをさらけ出すことが必要だ。事実を告げ、胸の内を明かし、パートナーにすべてを話すべき。うまくいかないことや不満に思っていることも……。最初は相手を不快にさせたり、傷つけたりするかもしれない。パートナーが意欲的で熱心だったらなおのこと……。でも、「煩わしい」話し合いは避けたほうがよさそうに思えても、また、相手の行為が好意によるものだとしても、長い目で見れば偽りはあなたの最大の敵になる。私の言葉を信じてほしい。

　パートナーのやり方がよくない時は、努力してくれたことをちゃんと認めた上でリードしよう。とても簡単だ。「こうしてくれたほうがいい」「こっちのほうが感じる」「私を全部見せたいの」と言うだけで、効果はてきめん。失敗した恥ずかしさがひとたび消え去れば、パートナーの動きはどんどんよくなるはずだから。

　あなたがどんな幻想を抱いているのかを、信頼するパートナーに打ち明けよう。こんな狂った欲望を告白するなんて、と恥ずかしがらないで。誰でも同じだから！　セックスは、そこから身を投げ出して、たとえ一瞬でも別人になるために開かれた魔法の窓。二人が同意して互いを尊重するならば、どんな幻想も許される。
　幻想——どんなに変なものでも——について話すことが、あなたや、あなたたちカップルや、あなたのパートナーにとって、何かのきっかけになるかもしれない……。たとえば私は、金　正恩の肖像画の前でセックスしたいなんて思っ

てもいなかった。でも、恋人の一人にすごくすすめられてから……。(これはジョーク)(いいえ、実はちょっといいかも……)(いえ、冗談)(……)

創造力

　セックスが誰にとっても、長い期間に及ぶ楽しい体験になるためには、努力しなくてはいけない。関係が始まったばかりの頃、あるいは思春期に初めて性体験をした頃は、本当の意味での努力なんてする必要はない。セクシュアリティや新しい体を見つけたというだけで、たまらないほど興奮しているから。自分を見出し、何でもないことに身を震わせるのに、頭を悩ませる必要もない。

　関係が始まってからほぼ半年が経つと、情熱は少し落ち着く。けれども、欲望は失われない。まさにこの時、カップルの持つ創造力によって、二人のセクシュアリティは転換期を迎える。

　《前戯、性交、射精》の冗長な繰り返しについては前の章で述べたので、ここでは何も言わない。それに、すべてを変える必要なんてまったくない。いまのやり方があなたたちカップルに合っているならば、そのままでいい。だから、プレッシャーに感じないで！　ただし、セックスも日常生活と同じで、飽きてしまわないように努力することは必要。料理にたとえてばかりだけれど、いくら好きなものでも、半年間食べ続けたらきっと嫌になる。何が言いたいかわかるでしょう？

　ここでおすすめするのはちょっとしたゲーム。気に入ってもらえたなら、あなたたちカップルの欲望を持続させることができるかも。それは、パートナーに頼んで、セックスのたびに新しいテクニックや幻想や穴や愛撫を試してみること。すべてを考え直せと言っているわけじゃない。これまでは使おうなんて

思ったこともないスパイスを、いつもの料理に一振りするようなもの。

愛撫

　相手を欲していることを伝える時、私たちはいきなり性器やお尻や胸に手を伸ばす。そこがとても感じやすい場所だとわかっているから。でも、他に触る場所はないの？　体全体が性感帯だと知っているのに、まっしぐらに目的地に進むのは、手抜きをしているみたいでちょっと悲しい。とは言っても、残念ながら、指を鳴らしただけでは欲望は生まれない。欲望を掻き立てるには、気を引いたりじらしたりが必要だ。おまけに、欲望の高まり方は人それぞれで、愛撫やキスにじっくり時間をかけたい人もいる。愛撫して、ひっかいて、こすって、かすめて、くすぐって、握って、押して……。それに人によって性感帯は異なるので、数えだしたらきりがない。でも私が知る限り、愛撫されても感じない場所など、全身探してもどこにも見当たらない。

　私の考えでは、やさしさとおののきと欲望に満ちた愛撫から、性的関係は始まる。

献身

　大多数の人がセックスに求めるものは、相手が我を失う姿、快感にとらわれる姿を見ることだと私は思う。パートナーがつまらなそうにしているのを見るほどつらいことはない。性行為にはたしかにエゴイスティックな面があるけれど、私たちは、相手が自分と同じだけ感じていることを確かめずにはいられない。だからこそ、相手がうめいたり深く息を吸ったりするのを聞くと安心できる。快感を与えるって、なんて幸せなことだろう。そしてまた、相手が感じているのを見ることも！　挿入という行為がこんなに一般的なのも、たぶんこの

ためだ。つまり、パートナーが一緒に快楽を得ていると思いやすいから。こう思うのはとても簡単で、あまりに簡単だから、人はこの習慣を捨てたがらない。このまま続けていいのか、パートナーは別のことを求めているのではないかと考えない。何かを知ってしまったら、たぶん動揺するし困惑するだろう。でも、そうした時にこそ、人は生きていると実感できる。コンフォートゾーンから抜け出してリスクを負うことができるのが、いい恋人に（さらに言わせてもううならば、一般的な成熟した大人に）なるための重要な資質だ。

それにはっきり言って、挿入中心の考え方からの脱却は、勃起や早漏、もしくは遅漏の問題を抱えている人にとっての朗報になる。ペニスをゆっくり回復させることもできるし、与える喜びを感じる姿が、パートナーをもっと幸せにするかもしれない。そして、忘れてほしくないのが、挿入で苦痛を覚えている人もいるということ……。

互いに敬意を払う

敬意を払ってもらいたいならば、自分も相手に敬意を払うこと。これは基本中の基本。特にセックスに関することでは絶対に守ってほしい。目の前にいる人が身も心もあなたに預けてくれるなら、たとえ愛していなくても、その人の体と気持ちに敬意を払う義務がある。この本を買ってくれたのだから、あなたはとても誠実な人。わかっているはずなので、これ以上は言わない。

よく聞き、よく観察する

パートナーに思いもよらぬことを要求されて、唖然とした経験は誰にでもあるだろう。でも、やってほしいことを口にするというのは、それだけで素晴らしい行為。あなたを信頼していて、二人の体を一緒に開発していきたいと思っている証

だ。だからエゴは引っ込めて、相手の人生における最良の愛人になるチャンスととらえよう。いつでもパートナーの体はサインを送ってくれている。気づきにくいかもしれないけれど、よい恋人でありたいならば、そのしぐさによく注意して。

　もっとも、私にも上手なアドバイスは浮かばない。なにしろ反応の仕方は人によって違うから。それでも、表情を見れば、何をすべきかわかるはず。セックスの最中にパートナーの顔が引きつったなら、その意味ははっきりしている。わからなければ、迷わず相手に聞いてみよう。

　体もまた、語ってくれる。たとえば、クンニリングスやフェラチオの最中に液体が溢れてきたら、それはヴァルヴァか睾丸を舐めてほしいと言っている。もしもパートナーが、あなたの顔の前で脚をいったん閉じたなら、それは、いまの行為を続けてほしいけれども、もっとやさしくして、という意味。もしも液体が垂れてきたり体をそらせていたら、たぶん、亀頭を愛撫してほしいということ。そして、もしも、あなたを押し戻したら……ええと、すぐにストップ。
　それから、パートナーの手もよく見ること。びっくりするほどいろいろなことを教えてくれるから。

　さあ、これで、続きを読んでもらえる準備ができた。

　この本を読んでセクシュアリティを開発してほしい。そして楽しむことも忘れないで。これはゲームだから。

ジュン

Dis bonjour à ton sexe

あなたのセックスによろしく

　専門的な事柄に関する記述には、オディール・フィロドおよび他の専門家の方々に貴重なご助力をいただいた。

　この章では、体の構造や健康や人体の働きの基本、つまり、セックスに関して知っておくべきことのすべてについてお話ししたい。その内容は、自然科学や物理化学の授業で教わるような事柄でもある。

　最新の研究成果を取り入れて、できる限り正確かつ公正であるように心がけた。でも同時に、一部の器官のものとされている現象や機能について、疑問や仮説も述べている。なぜなら、社会通念とされる考えには、間違いもたくさんあるからだ。

　それでは、私たちの体の部位を、適切な用語で表現することから始めよう。まず、言葉を選択する時に大切なのは、その言葉の歴史や意味を考慮する

こと。だから、ヴァルヴァ（外陰部）を表すのに、「ヴァギナ（膣）」という単語を使うのは間違っている。これを間違うと、ヴァルヴァを持つ人はこの先もずっと、「挿入がすべて」というばかげて根拠のない思い込みに悩まされることになる。これは、その言葉がわかりやすいかどうかの問題ではない！

でも、読者の皆さん、どうか固くならないで！　この本には、「キンタマ」とか「プッシー」とかいった言葉も登場する。難しい本ではないし、解剖学の授業を始めようなんて思ってはいないから。

それから、たくさん寄せられたメールの中から、誰もが悩むような問題も取り上げたい。中には、残念ながらいまだに解決策を見つけられないものもあるけれど……。この作業は、私一人の手には到底負えないものだった。完成できたのは、インスタグラムのフォロワーの方々が協力してくれたおかげだ。数多く寄せられた質問やアドバイスや返答は、何にも代えがたく貴重なものだった。フォロワーの皆さんに、心からの拍手と感謝を捧げたい。

ところで本書では、ことさら性的指向の問題を取り上げることはしていない。それは、前述したように、広い意味ですべての性を含みたいと考えているためだ。だから、イラストには性器と指しか描かれていない。私が怠け者なせいもあるけれど（顔を描くのはものすごく面倒で時間がかかる上に、あまり面白くない）、セックスを特定の性に結びつけたくないというのがその理由。つまり、すべての人を対象にしたいと願っているからだ。ゲイもレズビアンもヘテロセクシュアルもバイセクシュアル＊もパンセクシュアル＊もその他も。

＊バイセクシャル：両性愛者。恋愛や性的な興味の対象が男性・女性どちらにも向く

＊パンセクシャル：汎性愛者。男女だけでなく、Xジェンダーも含むすべての性が
　恋愛や性的な興味の対象となる

インターセックス

　まず、絶対に「両性具有」と混同しないこと。「両性具有」という言葉は、動物に用いるものだから。それから、トランスジェンダーと一緒にするのも問題外。たとえ、インターセックスを自認するトランスジェンダーの人たちがいるとしても。

　インターセックスとは、生まれつきの性的特徴が、「男性」あるいは「女性」とされる典型的な定義に一致しない人を指す。全人口に占める割合は約1.7パーセント。これはとても大きな数字だ。（なにしろ、赤毛の人とほぼ同数なのだから！）その生殖器官の外観は千差万別で、典型的な図を描けと言われても、私にはできない。その理由のひとつは、ひどく恥ずかしい思い出があるから。以前、インターセックスの人たちに、性器がおおよそどんな形をしているのか描かせてほしいと頼んだことがある。その時、たまらなく気づまりな空気がその場に流れ、自分がのぞき見趣味の人間と思われたのを感じた。私は深く恥じ入り、詫びを言って引き下がったのだった……。そしてもうひとつの理由は、地球上にはインターセックスの人がとてもたくさん存在していて、しかも、その性器の形が人ごとに違っているから。つまり、膨大な数になってしまうから。典型的な形を十枚程度描いて済ませるわけにはいかないのだ。

　ところで、ここでインターセックスについて述べたのは、こうした人たちが社会から排除されたり、見えない存在にされたりしないようにと願っているからだ。そして、読者の皆さんにはぜひとも、この本の中で自分に一番しっくりする章を見つけ、性自認をしていただきたい。

＊「インターセックス」について参考になるサイト→253ページ①

CHAPTER

1. ヴァルヴァの秘密

Les dessous de la vulve

もしも、あなたにヴァルヴァ（外陰部）やディッ
クリトやオマンコやアソコやプッシーやワレメ
があるならば、この章はあなたのために書か
れている。
あなたが女性でも男性でもインターセックス
でもXジェンダーでもその他でも……。

嘆かわしいことに、ヴァルヴァとその一部であるクリトリス（陰核）は、教科書からも芸術からも、教室の机にボールペンで描かれた落書きからも……忘れられてきた。だからここで話題にして、その持ち主に誇りを取り戻させてあげたい。ところで、お願いだからヴァルヴァを「腔（ヴァギナ）」とは呼ばないで！　それから、ヴァルヴァはいつもすべすべで、あんずや小さな女の子の性器みたいだなんて思ってもいけない。まったく、この思いこみは何なの？　小児性愛者の妄想？　もちろん、脱毛するのはその人の自由。だけど、それは人に強要すべきもの？　いいえ、絶対に違う！

　ヴァルヴァからは液体が溢れることもある。小陰唇が大きいこともあれば、独特の匂いがしたり、毛深かったりもする。おりものは普通は白いけれど、茶色いこともある……。そう、ヴァルヴァにはひとつとして同じものはない。ただし、見せてもらえないのだから、知りようもない。私たちが知る限り、クリトリスは多くの人にとって、ひとりでリラックスしてする時にしか機能しない小さな突起物。でも、教科書でその構造が知られるようになったおかげで＊、ヴァルヴァの持ち主は、自分の体とセクシュアリティを取り戻し始めている。本当によかった！

　ヴァルヴァを持って生まれた人たちが、自分の性とセクシュアリティをもっと積極的に受け入れるためには、教育という戦いを続けなくてはいけない。ヴァルヴァを持っているから服従しなくてはいけないとか、にこやかに受け入れるべきだとか、そんなふうに思わないで。いつの日か、私たちはきっと、上品ぶっているのでもなくみだらでもない、それ以外の存在になれるはず。そして、いまとは逆に、ヴァルヴァの持ち主が挿入したがるようになって、ペニスバンド市場が急成長するかもしれない。いいえ、もしかしたら、ヴァルヴァを持っていることを自慢できるようになるかも。だから皆さん、ぜひとも、この続きを読んで！

＊フランスの中学校で使われる性教育の教科書でクリトリスの正確な図が掲載されるようになったのは、2018年以降のこと。日本では、現在もクリトリスの存在を記していない教材がほとんど

外から見えるもの
Ce que l'on voit de l'extérieur

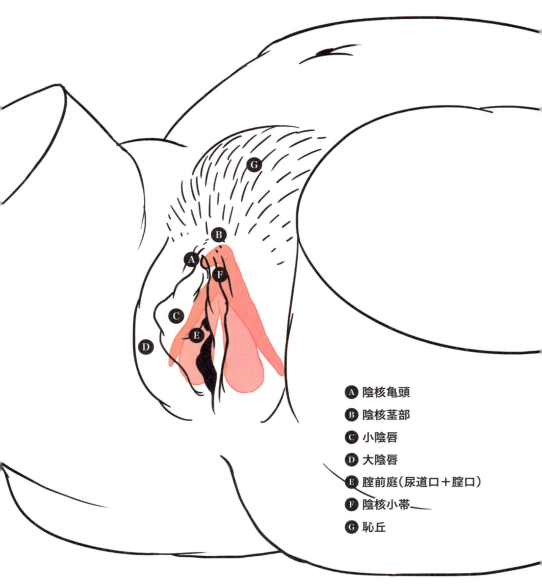

- Ⓐ 陰核亀頭
- Ⓑ 陰核茎部
- Ⓒ 小陰唇
- Ⓓ 大陰唇
- Ⓔ 腟前庭（尿道口＋腟口）
- Ⓕ 陰核小帯
- Ⓖ 恥丘

体内に隠れているもの
Ce qui se cache à l'intérieur

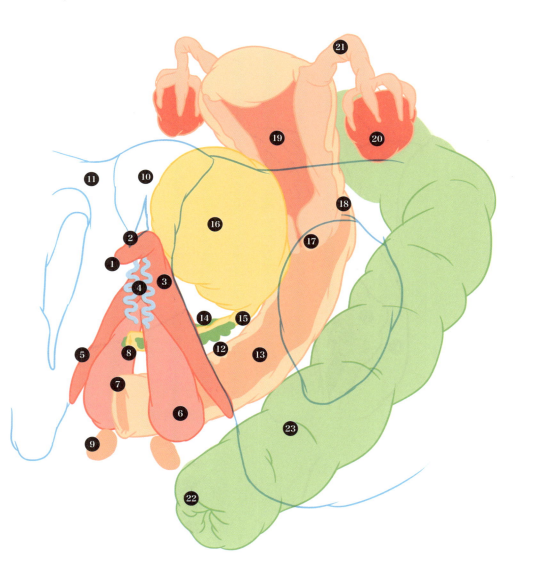

❶ 陰核亀頭

一部を包皮に覆われている。長さは個人差が大きく、外から見える部分の大きさも人によって異なる。一般にクリトリスとして認識されている部分。しかし、医学的には❶陰核亀頭から❸陰核体までがクリトリス（陰核）である。

❷ 陰核茎部

ペニスの陰茎に相当し、海綿体から形成されている。

❸ 陰核体

陰核の一部で、❻前庭球が合わさる部分。❷陰核茎部と❺陰核脚を含む。

❹ コベルト叢

❷陰核茎部と❻前庭球をつなぐ静脈叢。前庭球が圧迫されると、この❹コベルト叢を通して陰核が刺激される。前庭球中の血液が、陰核に送られるからだ。

❺ 陰核脚

❸陰核体と同様に、海綿体からできている。

❻ 前庭球

海綿体で形成され、静脈叢によって❸陰核体につながっている。その静脈叢は◉小陰唇にもつながっている。つまり、すべてがつながっている！

❼ 腟口

二つの❻前庭球にはさまれて……お馬さん、ぱっかぱっか！

❽ 尿道口

ここから尿と潮吹きの液体が排出される。

❾ 大前庭腺（バルトリン腺）

「愛液」とロマンティックに呼ばれる潤滑液を分泌し*、腟を潤わせる。40、41ページの側面図を参照。

＊本書では原文に忠実に記載しているが、愛液がどこから分泌されるのかについては諸説ある

⑩ 恥骨結合

左右の恥骨が結合する部分で、恥丘を形成する。恥丘は脂肪の塊で、毛が生えた皮膚に覆われている。フランスでは「ヴィーナスの丘」という詩的な呼び名がついている。

⑪ 骨盤

❺陰核脚はここにつながっている。

⑫ ざらざらゾーン＊

腟組織の一部で、指二本分程度の広がりを持つ。何の役に立つのかは、本当にはわかっていない。しかし、その場所が興味深い。これについては、改めて述べたい。40、41ページの側面図を参照。

＊「ざらざらゾーン」というのは、完全なる私の創作。正式な名前がわからなかったから

⑬ 腟

いたずらっ子。

⑭ 傍尿道腺（スキーン腺）

40、41ページの側面図を参照。

⑮ 尿道

尿と潮吹きの液体を通す管。⑭傍尿道腺（スキーン腺）が岩にはりつくムール貝のようにくっついている。

⑯ 膀胱

尿を貯蔵する場所。潮吹きの液体はここから来ているとの説がある。でも慌てないで！ 潮吹きは尿ではないから（と言うよりも、混じっていたとしても、ごくごく微量）。潮吹きの現象には、⑭傍尿道腺（スキーン腺）が大きく関与していると言われるが、これは定説ではないので、潮吹きの液体がどこから来るかについて断言はできない。でも、私のインスタグラムのフォロワーの意見は一致している。「ちょっと尿のにおいがする」と。

⑰ 子宮頸部

⑬腟の奥に位置してドーム型をしている。医療用ゾンデと精子以外は、ここを通過することはできない。絶対に！

⓲ 腟円蓋

⓭腟の奥の奥に位置する。⓱子宮頸部が形成するドーム型を取り巻いている。

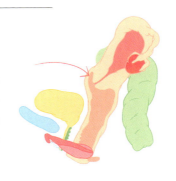

子宮後屈*
―――
挿入や生理時に、激しい痛みを引き起こすことがある。日常生活に影響はなく、心配する必要はない。子宮後屈かどうか確かめたければ、婦人科医かパートナーに頼んで、腟の奥をそっと探ってもらうこと。

*子宮体部の位置が子宮頸部に対して後ろに傾いている状態。約3割の人に見られる

⓳ 子宮

胎児が育つ場所。そして、経血が、あなたのお気に入りの下着を汚す前にそっと隠れているところ。

⓴ 卵巣

オーガニックだと保証されている卵の製造所。

㉑ 卵管（ファロピウス管）

ある知人は訛りがあるので、私を「みだらな女」と呼ぼうとして、いつも「卵管」と呼ぶ*。

*ファロピウスはフランス語ではFallope〔ファロプ〕。訛りのせいでS音がF音になる人は、「みだらな女〔サロプ〕」と言おうとすると「ファロプ」になる

㉒ 肛門

においのする小さな花。括約筋に囲まれているので、そっといじること。

㉓ 直腸

排便と肛門性交に役立つ。

側面図
Vue de profil

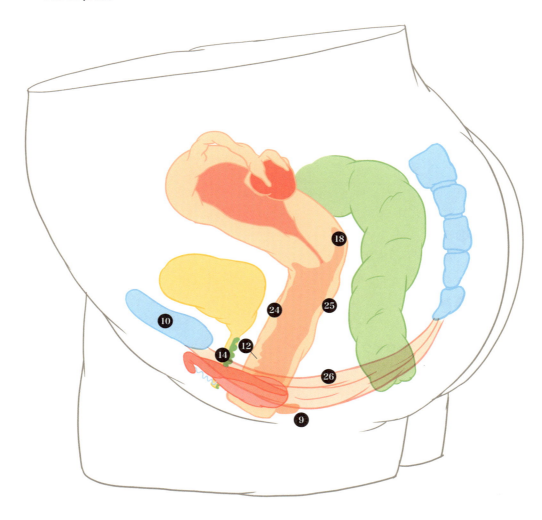

❾ **大前庭腺（バルトリン腺）**

「愛液」の名前で知られる潤滑液を分泌する。

❿ **恥骨結合**

詩人が「ヴィーナスの丘」と呼ぶところ。

⓬ **ざらざらゾーン**

発見者とされるエルンスト・グレフェンベルクの業績をたたえて、「Gスポット」と命名され（てしまっ）た領域。はっきり言えるのは、一般的に「Gスポット」と呼ばれる場所は、㉔腟前壁にあり、特別に感じやすい場所ではないけれども、ざらざらした手触りでそれとわかるということ。この「Gスポット」に関して非常に興味深いのは、❻前庭球と❺陰核脚と⓮傍尿道腺（スキーン腺）が合流する箇所の近くにあること。要するに、「Gスポット」は、腟内ではなく、❺陰核脚の合流点を指すと言ってもいい。これを知っていると、きっと尊敬してもらえる。

⑭ 傍尿道腺(スキーン腺)

ペニスを持つ人の前立腺に相当する。射精*時にここから分泌される液体は無色無臭なので、腟が潤っている時には気づかれないこともある。分泌液が⑯膀胱までさかのぼり、尿を非常に薄めたものが、潮吹きの液体だと言われる。(これについては49ページを参照)

また、⑭傍尿道腺(スキーン腺)は、⑫ざらざらゾーンと、⑤陰核脚の合流点の間に位置することがわかっている。偶然の一致？　たぶん違う！

性感度に関する役割についてはまだよくわかっていない。でも、ペニスを持つ人にとっての前立腺が感じやすい場所ならば、ここがそうであってもおかしくないのでは？

*ヴァルヴァを持つ人における射精については、その液体がどこで分泌されたものであるのか諸説あり、未だに特定されていない

⑱ 腟円蓋

本当の行き止まり。

㉔ 腟前壁

⑯膀胱に最も近い部分

㉕ 腟後壁

㉓直腸ととても仲良し。これについては改めて述べたい。

㉖ 骨盤底筋群(ペリネ)

⑯膀胱や⑲子宮、㉓直腸などの臓器を支える筋肉が合わさって、ハンモック状になっている。呼吸エクササイズをしながらここを締めると、人前であっても誰にも気づかれずに快感を得ることができる。

女性器の発見者は男性ばかり

　　スキーン、バルトリン、グレフェンベルク、ファロピウス、コベルト。こうした器官や領域について、読者の皆さんはとてもよくご存じのはず。だって、この章をとても注意深く読んでくれたのだから……。ところで私は長い間、この男性方は、自分の発見を誇りに思っていたので「我が分身！」とばかりに、患者の性器に自分の名前をつけたものと信じていた。ところが実際は、これらの器官や領域には別の名前がついていた。それを、発見者の功績を讃えるために、他の紳士たちが改名したのだ。だから、この名前で呼びたくないと感じるならば、解剖学上の名前を使っても構わない。そのために本書では、正式名称と通称名との両方を記すようにしている。この心遣いをわかっていただけたならば、とても嬉しい。

Le dicklit,
c'est quoi exactement?

ディックリトとは、
正確には何なのか？

　私は専門家ではないので、友人のアルセーヌ・マルキに語ってもらう。

　ディックリト（ディックはペニス、クリトはクリトリスを意味する俗語）とは、トランスジェンダーftm（生まれた時に割り当てられた性が女性で、性自認が男性の人）もしくはトランスジェンダーftx（生まれた時に割り当てられた性が女性で、性自認が男性・女性のどちらかに限定されない人）の人たちが、男性ホルモンの摂取で肥大化した自分のクリトリスにつけた呼び名のこと。このホルモンには、声を低くし、ひげを生やし、脱毛を起こす作用があるけれども、そこに個人の遺伝的な疾病素質が加わるので、ディックリトの大きさは人によってまちまちだ。ほとんど変わらないこともあれば、数cmになる人もいる。肥大化が止まるまでの期間も数か月から数年間と個人差が大きい。勃起しても、挿入が可能になったり、服の上からでも盛り上がりがわかったりするほどにはならない。でも、目で見て気づく程度に大きくなることが多く、感度も増す。最初の頃は、下着でこすれて痛みを覚えるかもしれない！　その場合は、柔らかなガーゼを当てるといい。生殖器の手術を希望する人にとっては、ディックリトの肥大化は、女性から男性への性別適合手術に向けた最初の一歩になり得る。この手術は、陰茎形成術の代替手術となるもので、靭帯から解放されたディックリトは、ペニスに似た姿になって、ささやかな人生を自由に生きることができる。ただし、この手術は受けなくてはいけないものではないので、それはまた別のテーマだ。

　それでは、男性ホルモンの一種であるテストステロンがヴァルヴァと腟に及ぼす影響はどんなものだろう？　これから話すのは、おおまかな傾向であって絶対的な真実ではないので、それを忘れないで。わかっているのは、数か月の間に、生理が徐々に止まること。もっともその後も、たとえばストレスを感じ

たりすると、一時的に軽い生理が始まることもある。また、テストステロンは、腟の弾力を富ませ、子宮頸部の感度を強める。だからもしもあなたのパートナーがヴァルヴァを持っていて、テストステロンの服用を始めたなら、あなたはこれまでの行為を見直したほうがいいかもしれない。そしてまた、多くのトランスマスキュリン（生まれた時に割り当てられた性が女性で、性自認と性表現が男性寄りの人）が、テストステロンの摂取と刺激のダブル効果によって、潤滑液の多量分泌と力強い射精を経験している！　しかし、体内で生成されたにせよそうでないにせよ、ホルモンの効果は多種多様で、この分野は混とんとしたままほとんど研究されていない。はっきり言えるのは、「すべてがわかってはいないことがわかっている」ということだけだ。

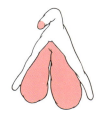

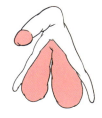

性において、私たちはすべて平等である

　ディックリトの写真を見ていた時、私は突然、誰もが同じ器官を備えているのだと悟った。これは事実だ。誰もが、亀頭や包皮や海綿体などを備えているのだから。私たちの器官はあらゆる点で似ている。ただ、進化した方向が違うだけだ。

　この時、えも言われぬ幸福感に包まれて、私はたいそう非常識な理論を思いついた。私たちは結局、全員が同一で平等であり、支配する者もされる者もいないのではないかと。でも、残念ながらこれはまったくばかげていて……。現実的にそんなことはあり得ない。

私のヴァルヴァはノーマル？

　顔と同じように、ヴァルヴァにもその人ごとの個性がある。だから、ひとつとして同じものはない。もしも、自分のヴァルヴァがおかしいように思えるならば、それはアダルト作品の悪影響。世の中にはあらゆる形の性器と嗜好が存在するのだから！　ただし問題は、それを見る機会がないこと。セックスの場面ではなおさらだ。はみ出すほど大きな小陰唇は、人によってはコンプレックスになるかもしれない。でも、べつだん不都合はないし、羨ましがる人だっている！　ヴァルヴァがどれほどヴァリエーションに富んでいるかを教えてくれるのがインスタグラム@the.vulva.gallery（オランダのイラストレーター、ヒルダ・アタランタが、さまざまな女性器をポップなタッチでカラフルに描いている）。絶対にためになるから見てほしい！

　それでも、人によっては、小陰唇が大きすぎて気になったり、こすれて不快感や痛みを感じたりすることがある。解決策としては小陰唇形成手術（小陰唇の大きさを変える外科手術）があるけれど、費用はかなり高額だ。

汚くなんかない！
Ça n'est pas sale !

潤いは何からできている？

　ヴァルヴァを濡らす潤いは、二つの液体がうまく混ざってできている。

　ひとつは、大前庭腺（バルトリン腺）から分泌される液体で、「愛液」というロマンティックな名前がついている。腟口近くにある微小な穴（裸眼では識別できない）からじわじわと染み出て、腟前庭の潤いを保つ。

　もうひとつは、腟内部から分泌される液体。滲出液と呼ばれ、成分は汗に似ている。この液体のおかげで、たとえ大前庭腺（バルトリン腺）を切除しても、それまでどおりに正常で潤いのあるセクシュアリティを持続することができる。

　潤いが足りないならば、市販の潤滑剤があなたの味方。

チナラについて話そう

　たしかに、すごく素敵な音ではないけれど……。でも、臭わない！　チナラは、あなたの腟の中で、あなたの愛する人が前後に動く時に、空気がもれて起きる音。だから、あなたのテクニックに問題があるわけじゃない。

　もちろん、言うだけならば簡単。でも、恥ずかしがる必要はまったくないし、むしろ笑ってしまっていいのでは？

あなたのパートナーは、全然気にしていない。それはたしかだ。聞いてみれば、わかるはず。

そもそも、腟の中で空気とセックスするなんて、考えただけでも気持ちが悪い！　自転車のタイヤを膨らませる時に空気入れから伝わってくる、あの抵抗感を思い出す。だから遠慮せず、ちょっと間をおいて、このかわいい音を出してしまおう。大切なのは体をリラックスさせることだから！

潮とは？

アダルト作品では「潮吹き」と呼ばれる液体。ヴァルヴァを伝って流れ出るが、時には噴き出すほど多量に分泌される。感触は水に似ている。オーガズムに関係するとよく言われるけれど、そうとも限らない。もちろん、オーガズムに達した時に噴き出すこともあるけれど、たいていの場合、この液体が湧き出るのは、膀胱と傍尿道腺（スキーン腺）が直接刺激されたために起きる機械

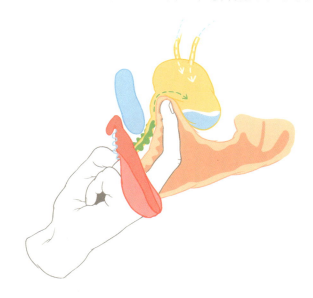

的な反応だ。

　詳しく説明させて！　膣前壁が刺激されると、近くにある傍尿道腺（スキーン腺）から無色無臭の液体が分泌され、尿道をさかのぼって膀胱に達することがある。つまり、膀胱にある尿に混じるということ。こうして一杯になった膀胱から、激しい行為の際に溢れ出すのは、ものすごく薄まった尿と、ほんのわずかな「ゴミ」。潮吹きの液体からときどき、かすかに尿の匂いがするのはこのためだ。でも、大丈夫。本当にちょっぴりだから！

　もしも、体が十分リラックスしている時に、「おしっこが漏れそう」と思ったなら、それは「潮吹き」がはじまるというサイン。もっとも、前触れなく起きることもあるけれど。

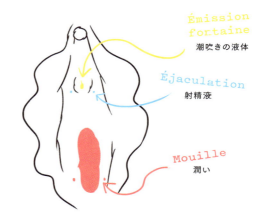

……それとも射精なの？

　傍尿道腺（スキーン腺）から分泌される液体は、膀胱にさかのぼらない場合は、尿道付近の微小な穴からそのまま流れ出す。これをヴァルヴァを持つ人の「射精」と呼ぶ。

　この液体はとても目立たない。潮となって膀胱から溢れ出す液体が多量で、かすかに匂いがあるのと反対に、無色無臭な上に、微量だからだ。
　しかも、大前庭腺（バルトリン腺）からの分泌液と混じってしまうことも多い。だから、ヴァルヴァを持つ人の射精は、行われたかどうかの判別が難しい。
　その上、誰にでも射精ができるとも限らない。実はこの傍尿道腺（スキーン腺）が備わっていない人もいる。

では、「射精した?」と聞かれたら、どう答える?

こう言えばいい。「わからないけど、シーツにこんな大きなしみができているから、潮吹きはしたみたい」と。

あーあ、生理になっちゃった！
実際のしくみはどうなっている？

ここは、クレモンティーヌ・クラージュ博士に語ってもらおう。

《さて、簡単に言うと、月経とは子宮内膜が剥離・脱落して起こるものです。月経の開始日が、あなたの月経周期の始まりにあたります。月経周期はいくつかの段階に分かれますが、その「本来の」目的は、赤ちゃんを作ることです。月経の後は、複数のホルモンの影響で子宮内膜が厚くなりますが、これは、小さな卵を受け入れやすくするためです（一般的に、卵子は月経周期の真ん中で排卵され、精子を受精——しないこともありますが——します）。

月経周期の終わりに受精していなければ、厚くて居心地のよい内膜は「自己破壊」します。それによって出血が起こり、時には痛みが生じるのです。(剥離・脱落した小さな破片を排出するために、子宮が収縮するからです)》

たしかに、生理があるというのはけっこう煩わしい。月経前シンドローム（PMS）、いたるところについた血のしみ、むくんだ顔……。でも、そこに、もっと精神的な何

かを見つけることだってできるはず。新しい周期を生きるために、体が再生して「浄化」されるのだと想像すればいい。この血を回収して神秘的な儀式に使ったり（誓って本当のこと）、満月の夜に悪魔に捧げたり（何のため？）する人もいる。人は誰でも妄想を抱くものだから。

とりあえず、「あーあ、生理になっちゃった！」と嘆くかわりに、そっくり受け入れてみよう。人生が変わるかもしれない。

きっと、いいことがある。

生理期間を穏やかに過ごすために聴きたい曲

* "ブラッディ・シャドウズ・フロム・ア・ディスタンス" レナ・プラトノス
* "サンデー・ブラディ・サンデー" Ｕ２
* "ブラディ・ウェル・ライト" スーパートランプ
* "ブラッディー・マリー" レディー・ガガ
* "ルーツ・ブラッディ・ルーツ" セパルトゥラ
* "サン・プール・サン" ジョニー・アリディ
* "アレ・ル・サン" JuL
* "ブラッド." ケンドリック・ラマー
* "ブラッディ・ウォーターズ" アンダーソン・パーク ＆ ジェイムズ・ブレイク
* "ブラッド・オン・ザ・ダンスフロア" マイケル・ジャクソン
* アルバム "ブラッド" のすべて ライ
* "レイニング・ブラッド" スレイヤー
* アルバム "ギター殺人事件　AC/DC　流血ライヴ" AC/DC

ピリオド・セックス*

　最近の流行というわけでもないけれど、「生理中のセックス」を表す言葉"ピリオド・セックス"を耳にする機会が増えている。もちろん、以前から行われていたことだけど、気軽に口に出せるようになってきた。いまのフランスで、この行為にショックを受けるのは、血液恐怖症の人と私の祖父母だけかもしれない。たしかに、経血はまったく汚くないし、本当にセックスがしたいならば、生理のせいで我慢するなんてもったいない。そうでしょう？

　ただし、コンドームはつけること。生理中は性感染症にかかるリスクが高いから。それに、妊娠する確率も、非常に低くはあるけれどもゼロにはならない。ムードを壊してごめんなさい。

*月経中のセックスは子宮内膜症の原因になるともいわれている

セックスをするのに一番いいのはいつ？

　私のインスタグラムで、ヴァルヴァを持つ人すべてを対象に、「セックスで一番興奮するのはどの周期の時？」と尋ねるアンケートを取った。その結果は、とても意外なものだった。52パーセントが、「排卵期がスーパー・ホット！」、48パーセントが、「生理中がウルトラ・ホーニー！（ホーニーはアメリカ俗語で『エッチがしたい』の意）」と答えたのだ。ちなみに、予想外だったのは、「いつも」という答えが相当数、個人的なメッセージとして届いたこと。

　要するに、決まりは何もない。生理中はセックスしたくない人もいれば、かえって燃える人もいて、さらにはいつだってしたい人も……。それでは、あなたは？

清潔が大切だって、
いつも言っているのに！

　ついつい忘れがちになるけれど、手をいつも清潔にしておこう（もちろんペニスとディルドも）。手を洗わずにパートナーのヴァルヴァをいじると、そのあとすぐにセックスを楽しむことができなくなるかもしれない。「アソコ」はとても傷つきやすいので、ほんのちょっと菌が入っただけでも、真菌症や膀胱炎やその他のおぞましい病気にかかってしまうことがあるからだ。

　だから、少しでも心配なことがあったら、たとえば、少しでもかゆみやおりものや妙なにおいがあったら、一日に一回か多くて二回、ヴァルヴァを中性の石鹸で洗うこと。下着はコットンかシルク製に替え、体にぴったりフィットしたパンツははかないようにする。一方、膣内の場合は洗ってはいけないので、すぐに婦人科の医師に相談しよう。よい対処法を教えてくれるはずだから。

Halte-là！
ひと休み！

避妊法

　あなたにどんな避妊法がふさわしいのか、それは誰にもわからない。でも、かかりつけ医ならば、きっとアドバイスしてくれるはず。年齢やこれまでに産んだ子どもの数に応じて、選択肢はとても幅広い。

　低用量ピル、IUD（子宮内避妊具）、ペッサリー、コンドーム、不妊手術、腟外射精、その他……。それぞれにメリットとデメリットがあるので、どれを選べばいいのかを決めるのは難しい。

　それではどうする？　私の意見を聞いてもらえるならば、一番いい避妊法は、自分の同性と寝ること。異性相手よりもオーガズムが得られるとの説もある。もちろん、万人向きではないけれど……。

　正直なところ、上手なアドバイスはできない。ホルモンを調節する避妊法は副作用があるし、排卵日を予測するリズム法は不確実でストレスが大きく、手術をしてしまうと元には戻せない。だからと言って、自分の身を守らなくてもいいと言っているわけじゃない。避妊をしていれば、とても安心できるから。でも、この作業を、二つの性で分かち合うことはできないの？

　ペニスを持つ人の場合、ホルモンを調節する避妊法はまだテスト段階で、望まぬ副作用を引き起こすリスクがある。

　それでも、ペニスに関しては、確実で安全な方法が存在する。もっとも大部分がまだテスト段階か、市場調査によれば、フランス人が無関心なために見ないふりをされている。

　詳しいことを知りたければ88ページを参照のこと。避妊はいまや、ヴァルヴァを持つ人だけの問題ではないのだから！

STI（性感染症）から身を守る

絶対に感染したくないなら、ワクチン*を打つのが一番いい方法。そして、もちろん、性的指向が何であろうと、コンドームを使うのを忘れずに。

女性用コンドーム*は、装着する側にはあまり人気がないけれど、生理中など、場合によっては便利だという声もある。快適かどうかについての意見はさまざま。とてもいいと言う人もいれば、ゴムのサックとセックスしているみたいと言う人も……。はっきり知るには、とにかく一度試してみればいい。ただし問題は、手に入れるのがかなり難しいこと。価格はコンドームより高いので注意して。まあ、期待させるわけではないけれど、いつか役に立つ時があるかもしれない。だから、ナイトテーブルの引き出しにそっとしのばせておく。何が起こるかなんてわからないから！

気分転換にクンニリングスやアニリングスをする時は、ラバーダム（歯科の治療で用いるゴムのシート）が予防に役立つ。これもネットで探そう。もしも手に入らなければ、コンドームを使って自分で作ることもできる。

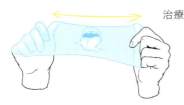

とにかく衛生的に指や足を使うには、ラテックスの手袋があればいい。ドラッグストアかネット・ショップで手に入る。

これも大切なので言っておくけれども、肛門を舐めた舌でそのままヴァルヴァを舐めるのはおすすめできない。OK？

*ワクチン：STI予防できるワクチンはHPVワクチンとB型肝炎のワクチン。HPVワクチンは子宮頸がん・肛門がん・中咽頭がんなど6つのがんと、尖圭コンジローマを防ぐ。「子宮頸がんとHPVワクチン」について参考になるサイト→254ページ⑩
*女性用コンドーム：ヴァルヴァと腟内を覆う大きめのコンドーム。日本では製造販売されていないため、使用するにはネットで海外から取り寄せる必要がある

レイプされたらどうする？

　まず、これだけは言っておきたい。あなたの身に起きたことに関して、あなたにはまったく責任はない。どんな服装をしていたとか、どんな態度だったのかなんて全然関係ない。悪いのはあなたを襲った人間だから。あなたがどんな感情にとらわれてもそれが当たり前。私はあなたを全力で支えたい。

　したほうがいいことはいろいろあるけれど、絶対にしなくてはいけないものはひとつもない。でも、万一の時になったらきっと何も考えられないだろうから、役に立ちそうなことを少しだけ書いておく。

―まず最初に、医師の診察を受けるか救急外来に行く＊。シャワーを浴びたいに違いないけれど（本当につらいのはわかるけれど）、そのままの状態で証拠を採取してもらったほうがいい。その後の捜査に役立つから。警察には、すぐに連絡しなくても大丈夫。告訴しようと思える時まで、証拠品は保管されている。

＊日本では、各都道府県に設置されたワンストップセンターでスムーズに証拠採取することができる

―それから、帰宅する。もう、何をしてもいい。シャワーを浴びる、叫ぶ、わめく、泣く……。

―告訴を考えるならば、犯罪の証拠となるものをすべて保存しておくこと。汚れた服や下着、ショートメールなど。

―もしも、自分にも責任があると感じるならば、そしてもしも襲った相手を知っているならば、罠を仕掛けてみてもいい。「私が嫌がっているって知っていたのに、どうしてあんなことをしたの？」といったメッセージを送って、犯行

を自白するように仕向けてみる。うまくいけば、相手が引っかかって、自分に不利な証拠を残すかもしれない。

──もしもそうしたければ、信頼できる人に打ち明ける。この重荷をたった一人で背負うのはつらすぎるから。近しい人には話しにくいなら、いくつかの支援団体が相談に乗ってくれる。
＊相談窓口→253ページ③、⑤

──精神科医に相談することもできる。これだけ深い傷を負った人にどう接したらいいのか、友人や家族ではわからないかもしれない。難しいだろうけれど、秘密を自分だけで抱え込まないように強くすすめたい。話すことがレジリエンス（心理学の用語。逆境から素早く立ち直り、成長する能力）への第一歩になる。

　打ちのめされるのはあたり前。起きたことは絶対にあなたの責任でにない。自分が妙に落ち着いているように思えたとしても、心配しなくて大丈夫。人間の心と体は、受けたショックが大きすぎるとかえって冷静になるものだから。

痛みを感じる時
Quand ça fait mal

子宮内膜症

　生理痛が本当に耐えられないほどならば、または、性交疼痛（挿入時に感じる痛み）があるならば、解決策はひとつだけ、診察を受けること。そして、もしもその婦人科医が、気のせいだとか、どこも悪くないとか言ったなら、ひとこと罵ってやってから医者を変えよう。子宮内膜症の専門医に診てもらうのが一番いい。
＊「子宮内膜症」について参考になるサイト→254ページ⑪

日常生活に支障が出ないようにするには、ホルモン剤で生理を止める、思い切って外科手術を受けるなど、いくつか方法がある。痛みを軽く見てはいけない。子宮内膜症は不妊の原因にもなるのだから。でも、治療できるから心配しないで。フォーラムや論文もたくさんある。つまり、悩んでいるのはあなただけではないということ。

性交疼痛症

　性交疼痛症とは、挿入時に苦痛を覚える症状。腟の奥や入口付近に痛みを感じる。誤解している人がいるのではっきり言わせてもらいたい。挿入時に痛みを感じるのは、正常ではありません！

＊「挿入時の痛み」について参考になるサイト→254ページ⑫

　痛みの原因はいろいろ考えられる。避妊法が合っていない、子宮後屈がある、非常に短い腟（たとえばインターセックスの人）の奥まで挿入した、子宮内膜症（ひどい生理痛の原因としても知られている）、細菌性腟炎、ヘルペス、ペニスが大きい、腟が乾燥している、会陰切開の傷が治っていない……。このすべてが、女性器に痛みを与える。

　こうした痛みのせいで、あるいは、それがトラウマになって起こるのが腟痙攣だ。これは腟口付近の筋肉が不随意に痙攣するもので、性交を非常に苦痛なものにして、結局は不可能にする。これを性交疼痛症と呼ぶ。（要するに、挿入ができなくなる）

　原因はいろいろでも、苦痛が生じるには心理的な要因が大きい。レイプ、性交への不安、セクシュアリティに関する厳しい教育、嫌悪、パートナーに対する欲望の喪失、パートナーの無理解、産後のトラウマ、巨大なペニスへの

恐怖感……。これらのどれもが原因になる。そして同時に、それぞれに解決策がある。だから、セックスが苦痛でないようにするには、自分にあった方法を見つけなくてはいけない。

　でも、トンネルの先には常に光が見えるもの。そして私のもとには、トンネルからの脱出に成功した人たちの体験談が数多く寄せられている。そのうちいくつかを紹介しよう。

　　　─まず、専門医の診察を受けること。かかりつけ医が話をちゃんと聞いてくれなかったり、痛みを訴えても取り合ってくれなかったりしたら、医者を変えよう。

　　　─体内避妊具を取り除いたり、ピルの種類を変えたりするだけで、痛みが消えることもある。生理がひどく重い場合は、念のため、子宮内膜症の専門医に診てもらおう。

　　　─パートナーや精神科医とコミュニケーションを取ることも大切。問題の原因がどこにあるかを知るだけでなく、パートナーに動きを調整してもらったり、こちらの反応に注意してもらうため。こういう体位（たとえば後背位）はもう嫌だとか、挿入を優先するのはしばらく（ずっとでもいいけれど）やめてほしいとか伝えてみよう。大切なのは、相手の気持ちを聞くこと。強引にやってはいけない。無理強いは問題を悪化させるだけだから。

　　　─そして最後は、おどかすつもりはないけれど、多くの証言が一致するところによれば、話を聞いてくれないパートナーと別れて別の人を見つけると、痛みがすっかり消えるとか。もしそうしたかったら、試してみて！レイプされたりトラウマを負ったりしている人には、前にお話ししたことも含めて、精神科医に相談することをすすめたい。

La pénétration
c'est bon, mais
elle ne provoque
pas d'orgasme
à la grande majorité
des personnes
dotées d'un clitoris.

挿入は快感をもたらす。
けれども、クリトリスを持つ人の多くは、
挿入ではオーガズムを感じない。

ムッシュ・オーガズム
Jean-Michelle Orgasme

**腟とクリトリスが同じ船に乗っています。
もしも腟が水に落ちたなら……。**

　快感を得るための器官はクリトリスだけである。感じることが、クリトリスのただひとつの役目。挿入を時々心地よいものにするのも、めくるめくオーガズムをもたらすのもクリトリス。人はもう「腟派」と「クリトリス派」に分かれることはない。あなたはクリトリス派、それだけだ！　ただし、オーガズムに達する方法は2通りある。体外にあるクリトリスの亀頭に触るか、それとも、体内に挿入するかのどちらか。この区別には、「外クリトリス派」と「中クリトリス派」という言葉を使うといいかもしれない。

　それはさておき、挿入でオーガズムに達することはあまりない。というのも、クリトリスの中で最も感じやすい部位は亀頭だから。アダルト作品を観ていていつも驚かされるのは、女性がパートナーのペニスを挿入されると、必ずオーガズムに達すること。これは決して一般的なパターンではないし、一度もこうなったことがない人や、この先もこうなることはないだろう人たちに罪悪感を抱かせる。

このおいしそうなカマンベール・チーズを見て！

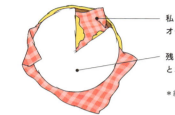

私のインスタグラムのフォロワーでは、挿入でオーガズムに達する人はわずか13パーセント。

残りの87パーセントは、亀頭を刺激されないとオーガズムに達しない。

＊約2万名を対象として実施した調査による

オーガズム：
《手放すこと》と単なる力学の間

　ヴァルヴァを持つ人の多くが、私に質問してくる。「パートナーとのセックスでオーガズムを得られないのはおかしいの？」「オーガズムに達するためにセックスシーンを想像するのは正常じゃないってこと？」と。すぐに気が散るタイプの人は、身をゆだねたままの状態を長く保つことができない。そんな人たちが、最後の一押しをするためにセックスシーンを想像したからと言って、相手に対する敬意が欠けていることにはならない。もしもそれでムラムラできるなら。それにしても、何を想像するかが人それぞれで面白い。セックスシーンを繰り返し頭に浮かべる人もいれば、ロボットの反乱や地球外生命の侵略を想像する人もいる……。そう、"熱く"してくれるものなら何でもいい。

　オーガズムが得られない原因は、精神的なものとは限らない。現代社会では、雑誌や映画やインターネットに情報が溢れすぎている。おかげで欠点もよくわかるので、自分やパートナーの体に100パーセント満足することが難しい。自信が持てないせいで、快感も得にくくなってしまっているのだ。

一般的に、映画とその型にはまった表現が、私たちのオーガズムに悪影響を与えている。どの作品を見ても、役者は決まったパターンでオーガズムに達するし、しかも顔がキレイすぎる！　問題はまさにここにある。現実はまったく違うのに……。私たちは、感じている時には我を忘れ、何も意識していないと思われている。どんな顔をしているか、どんな音をたてているか、どんな体位をとっているかさえ。でも、そんなことができるわけがない。そうでしょう？　自分のイメージを保ちながらオーガズムに達するなんて難しすぎて、一生かかってもたぶん無理。それなら、一人でイクほうがずっと簡単だ。

想像の話をしたので、ここでは機械的な動きについてもお話ししたい。「ヴァルヴァは頭を使ってオーガズムに達する」というもっともらしい説がある。これが私たちを非常に悩ませる。こう決めつけられると、オーガズムを感じない人は、頭が働いていないことになってしまうから。でも、ここでサプライズ！　クリトリスを上手にくすぐると……いとも簡単にオーガズムに達してしまう！　どうすればいいかなんて考えてもいないのに。これはつまり、ひとりでオーガズムに達するほうが簡単だということ。わかってくれる？

あなたのパートナーが忍耐強くて、話もよく聞いてくれて、しかもあなたの体をよく知っているならば、ほとんど機械的なやり方であなたをオーガズムに導くことができる。そして、そうなればなるほど、あなたは何も考えずに済むようになる。忘れてはいけないのは、ペニスとクリトリスは相同の器官だということ。だから、どちらかの機能が劣っているなんてことはあり得ない。そう、絶対に。

パートナーのやり方とその激しさによって、大きな違いが生まれる。だから、練習と、相手の体に関する最低限の知識が必要。でも、うまくいかなくても安心して。あなたは壊れているわけではないのだから。それよりも、パートナーにこの本を読むようにすすめましょう。（えっと、これはプロダクト・プレイスメント*）

＊映画やドラマなどの作品に、実在する商品や企業を登場させる広告手法

ちょっと試してみて（最初は一人でやるのがおすすめ）

好きなだけ音をたて、好きな顔をしながら、マスターベーションをやってみよう。快楽に集中し、オーガズムを感じるのに役立ちそうな場所に指をあてがってみる。

ある人は、叫んで、わめいて、何も言えず、息を止める……。また、ある人は、筋肉を張りつめ、足を思いっきり伸ばし、何かに必死でしがみつこうとしながら、目を閉じるか、あるいは逆に大きく見開いて口を開ける。さらに、ある人は、息を速めたあげくに過呼吸に陥る。

それから、何かを想像してみよう。実生活やアダルト作品のセックスシーンを思い出す、自分だけのシナリオを作り上げる、エイリアンに舐めまわされる姿を想像する……。それで興奮できるなら何でも構わない！

こうして、何をすればイキそうかがわかったところで、それについてパートナーと話して（話さなくてもいいけれど）、これまでにないほど自分を解き放つ！　もしもオーガズムを感じなくても、絶対に自分を責めてはダメ。そういう人はあなただけではないから。そして、もうひとつ忘れてならないのは、あなたがオーガズムに達するためには、パートナーもあなたの体を最低限知らなくてはいけないこと。つまり、うまくいかなくても、すべての責任があなたにあるわけじゃない。

私たちはみな、自分のやり方を持っている。だから、人に合わせようなんてしなくていい。ここでちょっとショックなお知らせをしておきたい。「映画の登場人物は、実際にオーガズムを感じているわけではない……」と。

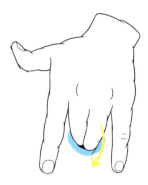

指を入れるのが好きじゃない。
私はおかしいの?

　いいえ、そう思っているのはあなただけじゃない！　すべてを好きにならなくちゃいけないなんてことはない。それに、マスターベーションをしている人だって、たいていはヴァルヴァとクリトリスのマッサージしかしていない。だから、指を入れようとしただけで、あなたの行動は尊敬に値する。たとえ、内部がどうなっているのかを見るためだったとしても……。

　もしもまだ経験がないならば、ぜひとも試してみてほしい。無理に快感を求めるのではなく、単に自分を奥深く知るために。

　そして、指を入れるのが大好きで、そんな自分がおかしいのではと悩んでいる人には、繰り返しになるけれど、やっぱりこう言いたい。「いいえ、おかしくない！　そう思っているのはあなただけじゃない！」と。

　さあ、リピート アフター ミー。私はノーマルっ！！！！！！

無オーガズム症：ひとりの時もふたりの時も、オーガズムを経験したことがない

　いいえ、あなただけじゃない！　同じ悩みをつづったメッセージが、どれだけたくさん届いているかを教えてあげたい。無オーガズム症は、ペニスを持つ人にも起きるけれど、ヴァルヴァを持つ人に関わるケースのほうが断然多い。

　そして、私たちは一人ひとりが違っているので、原因も実にさまざま。クリトリスに触れられると痛みが生じて、快感を得ることがまったくできない人もいる。また、オーガズムが近づくと尿意を催すので行為を続けられない人もいれば、強く愛撫されると笑いがとまらなくなる人もいる。あるいは、うつ状態や疲労やストレスやピルの服用のせいで、性的興奮が起きない人も。そしてもちろん、セックスがあまり好きじゃない人もいることを忘れないで！

　無オーガズム症を克服した人たちに、成功のカギは何だったのかと尋ねてみたところ、誰もが「役に立った」と口をそろえたのが、かの有名なバイブレーター"マジックワンド"（いわゆる「電マ」）と、クリトリス吸引バイブ（複数のメーカーから提供されていて、価格帯も幅広い）、そしてシャワーのグリップ！

　シャワーのグリップを使うのは、あまりエコロジーではないけれど、ものすごく効き目がある。まず、グリップのヘッドを外し（"マッサージ"もしたいならば外さずに）、クリトリスの亀頭をめがけてシャワーを放つ。（絶対に腟の内部は洗わないこと！　腟内フローラのバランスが崩れてしまうから）。それでもオーガズムが得られなかったら？　がっかりしなくて大丈夫。今度はヴァルヴァの皮膚を軽く引っ張って亀頭をのぞかせ、もう一度試してみよう。

P.S. 1：パッキンが水圧で飛んでしまうことがあるので注意して！　あとで元に戻さなくてはいけないから。

P.S. 2：これは癖になるので、とにかくヴァリエーションをつけること。バイブや吸引の強い刺激に慣れてしまうと、クリトリスが感じにくくなりやすいので用心して。そのために、いつだって一番役に立つのはあなたの手。これならお金もかからない。

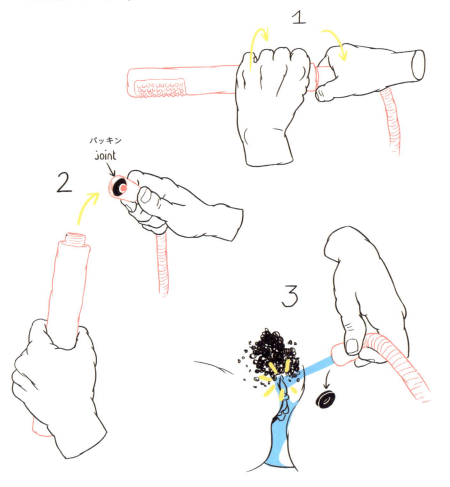

こうした方法を試しても痛みがあるなら、「間接タッチ」がいいかもしれない。陰核亀頭はデリケートすぎるので、かわりに陰核茎部を刺激しよう。何を使ってもいい。指でもバイブでも水でも……。または、椅子に座って足を組み、太ももの筋肉を緊張させて、性器を圧迫するやり方もある。

あるいは、うつぶせに横たわり、クッションやマットレスに性器をこすりつけてもいい。

また、骨盤底筋群（ペリネ）を密かに緊張させることもできる。ちょうど尿意をこらえる時みたいに。これはタントラ（ヒンドゥー教シャークタ派の聖典群。女性的力動の概念シャクティを説く）にある方法だ。タントラについて知りたければ、いろいろなところでセミナーやワークショップが開かれている。

要するに、代替策はたくさんあるし、そのひとつひとつにそれぞれのやり方がある！　自分に一番合うものを見つけるために、まずは試してみよう。

もしも、オーガズムに達する直前に強い尿意を感じるならば、バスタブの中で、マスターベーションをしながら欲望に身をゆだねてみるといい。誰も見ていないから、何も気にすることはない。もしかするとあなたは、「潮吹き」しながらオーガズムに達するタイプかもしれない。そうだったら、なりふり構わずシーツに情熱を傾けて、自由なセクシュアリティに身を任せよう。それとも、もしかしてオーガズムの感触と尿意の違いがわからない？　それを見極める方法はただひとつ、最後までやってみること。

とにかくあまり心配しないで！　時が過ぎ、年齢を重ねて経験を積めば、クリトリスもその感度も変化する。ある日、なぜか突然、それまで感じていた痛みが消えるかもしれない。変わらないものなど何もない。だから、寛大になって、体にプレッシャーをかけずにささやかな人生を送らせてあげよう。

Rien de tel qu'une bonne branlette pour s'endormir sereinement.

ぐっすり眠るためには、
マスターベーションほど役に立つものはない。

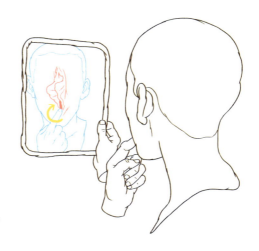

ヴァルヴァと
その周辺を自己探求する

　"ジュイサンス・クラブ"を立ちあげた時、私が願っていたのは、女性器で得られる快楽についての無理解をなくすことだった。そして、自分がヘテロだったせいか、ごく単純にペニスの持ち主を教育すればいいと考えていた。この発想は完全に誤りではないけれど、現実には、最初にしなくてはならなかったのは、ヴァルヴァを持つ人に知識を与えることだった。結局、問題となるのはその人たちの体なのだから。

　私のインスタグラムにコメントする人たちは、リラックスしているように見える。でも、大量に送られてくる個人的なメッセージはまったく違う。そこにつづられるのは、得ることのできない快楽、羞恥や嫌悪、痛みへの恐怖心、そして、マスターベーションに対する完全な無関心。私はほとんどの人がマスターベーションや自己探求をしているものと考えていた。ところが実際には、これらの行為は私が思うよりはるかにタブーだったのだ。まず、腟やヴァルヴァに触るのが好きではない人がとても多かった。また、セックスでもマスターベーションでも、オーガズムを体験したことがない人も多かった。いや、マスターベーションの経験があると言っても、せいぜい外性器を愛撫する程度だった。それぞれがそれぞれのやり方で自分の体を恐れていた。それは別段おかしなことではない。誰でもしたいようにすればいいのだから。ただ、私がショックを受けたのは、これらの人たちに共通点があることだった。つまり、全員がヘテロで

あって、ペニスを持つ人に快楽を与えてもらおうとしていたのだ。これではうまくいかなくて当たり前。パートナーは私たちの体について、私たちよりも知らないのだから。そして、その私たちでさえ自分の体のことをまったくわかっていない……。これこそまさしく悪循環。

　私たちはついつい、快楽を与えてほしい、幸せを見つけてもらいたいと相手に期待してしまう。でもそれは、3歳の幼児に1000ピースのジグソーパズルを与えるようなもの。天才でもない限り、苦労させるだけで終わってしまう。

　性器に触るのが好きでなくても、それはその人の自由なので別に構わない。またその逆に、触ってほしいと思うのも全然恥ずかしいことじゃない。セックスを汚いものとみなすのをやめよう。ヴァルヴァは私たちの幸せを願っている。快楽だけに捧げられた器官、クリトリスが備わっているのがその証拠。余談だけど、クリトリスは柄のついたコルクスクリューの形に似ている。

　自分のセックスを理解しようとせずに、感じさせてほしいだの、ましてやオーガズムに導いてほしいだのと頼むのは、相手が誰であっても無理な話。それを思い知らされた日、私は気がついた。それまでずっと、愛人の名にふさわしい誰かが現れるのを待っていたけれど、その人物は実は私の中にいるのだと。そう、私自身が人生をよりよくする力を持っていたのだ！　自己探求のおかげで、私は快楽を手に入れ、自分の体と性感帯を知り、パートナーを導くことができるようになった。でも、だからと言って、ヴァルヴァの持ち主だけにプレッシャーをかけようなんて思っていない。パートナーにも研究する義務があるのだから。快楽とは、探求をすることで経験できるもの。たとえば、性教育ポルノ動画*を観るのはどう？　リードするのはとてもいいこと。でも、最低限の情報と興味を持ってリードするなら、もっといい！

*フランスの動画配信プラットフォームにある動画。著者いわく「プロみたいなしゃぶり方、かっこいいクンニリングス、エロティックなマッサージ」などが学べる

Et si on arrêtait de simuler ?

そして、"イッたふり"をやめたなら？

さあ、いよいよ私たちの快楽を真剣に考え、アドバイスの効果を確かめる時がきた。自己探求のおかげで自分の体をよりよく知ることができたなら、それは、自分を好きになって自分の体を慈しむことと同じ。ちょうどスポーツをする時に、マッサージをしたり栄養剤を摂ったりするように。快楽を得るとは、自分の体に敬意を払うこと、そして、自分を愛して認めること。信じられないほどの効果があるはずだ。

ここで紹介するのは、どんなタイプの人にも満足してもらえるアイデアばかり。気が向いたら、ぜひ試してみてほしい。ただし、あまり気分が乗らなかったら、そこでやめること。そして、うまくいかなくても、絶対に自分を責めないで！　あなたの体だということを忘れてはいけない！

---

idea.1

まず、鏡で自分を見つめて、ヴァルヴァと友だちになる。名前をつけてあげたらどう？　クリトラントカとか、ヴュルヴリーヌブとか……。ダメ？　そう、わかった。

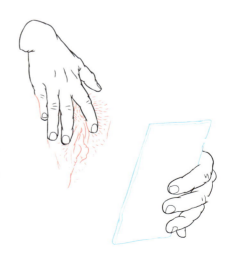

idea.2

間接的な接触をするには、下着の上から触る、枕にこすりつける、または、シャワーのグリップを使う。シャワーはマッサージモードにするか外しておく（そのほうが効果的だから）。

idea.3

もしもクリトリスが敏感すぎて触ると痛いなら、あるいは、単に触りたくないならば（そういう時もある）、骨盤底筋群（ペリネ）を引き締めてみてもいい。腟に下着を吸い込ませるように、もしくは、尿意をこらえるような感じで。すると、クリトリスが間接的に刺激され、人によってはすばらしいオーガズムを味わうことができる。

脚を組む方法もある。これは簡単だからぜひ試してみて。脚を組み、ぎゅっと締めつけ、そして力を抜く。ちょうどいいリズムを見つけるまで続けること。そのほうがよければ、組んだ脚を見ながら骨盤を動かしてもいい。

idea.4

外性器を指で探る。大陰唇と小陰唇に触りながら、陰核亀頭と陰核茎部を愛撫し、腟前庭まで指をさまよわせる。

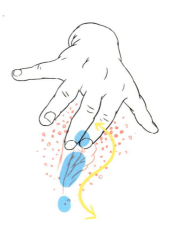

idea.5

腟内部に指を差し入れ、感じる場所をいろいろ探してみる。

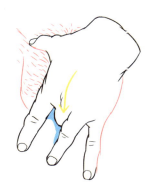

idea.6

指を入れたくないならば、その代わりに二人で探求するのが最高のやり方。あなたが触られて感じていることをパートナーに説明し、その部分が何に似ているかを尋ねる。共犯意識が高まる瞬間。

idea.7

最後に、たくさん本を読む。こうしたテーマを扱う本は、いまはたくさん出版されている。

CHAPTER
2.
ペニスの秘密

*Les
dessous
du
pénis*

もしも、あなたにペニスやちんこやマラや
ムスコやモノがあるならば、この章はあなた
のために書かれている。
あなたが男性でも女性でもインターセックス
でもXジェンダーでもその他でも……。

ニスに要求されることはとても多い。大きいこと、勃起がたくましく長時間続くこと、感じやすいこと、射精できること。でも、何よりも挿入できること！ アダルト作品を観るのは楽しいけれど、そのイメージにとらわれすぎると自信がなくなる。パートナーへの信頼も揺らいでしまい、結局、快感を得にくくなりやすい。

　性器の形や長さや能力には個人差がある。ところがアダルト作品は、この事実に気づかせないように作られている。登場するのは、20センチメートルはあろうかというまっすぐにそそり立つペニスとその亀頭。これがアダルト作品における平均的なペニスだ。ここから、巨大なペニスが可愛らしいプッシーを「めちゃくちゃにする」というお決まりの幻想が生まれる。では、小さかったり、ものすごく小さかったり、ねじれていたり、細かったり、陰茎よりも亀頭が太かったりするペニスは……？ からかいとあざけりの対象になる。ペニスを持つ人は、挿入する者であって挿入される者ではないとされている。挿入されるのは「ゲイか、服従の証」というわけだ。「でっかいキンタマを持っている」というのは、いまでも「勇気がある」という意味のほめ言葉。「大きなもの」を持っているというほめ方は、女性に対しても使われる。ただはっきり言えるのは、勇気や豪胆さという美徳が、「男性」特有のものだとされていること。トランス女性（生まれた時に割り当てられた性が男性で、性自認は女性の人）だって存在するのに……。トランス女性にとって、この決めつけは残酷で、人間とみなされないのに等しい。ペニスを持っていながら女性の服を着る人間は、男連中を侮辱する存在とされるのだから。

　女性であることが負け犬の証だなんてありえない！ まったく、腹が立つ。あなたにはペニスがある？ だったら、あなたには泣く権利も、ピンク色の服やドレスを着る権利も、勃起しない権利も、女性でいる権利もある。そして、家父長制がそうなれと命じたすべてを、断固として拒否する権利がある。

外から見えるもの

Ce que l'on voit de l'extérieur

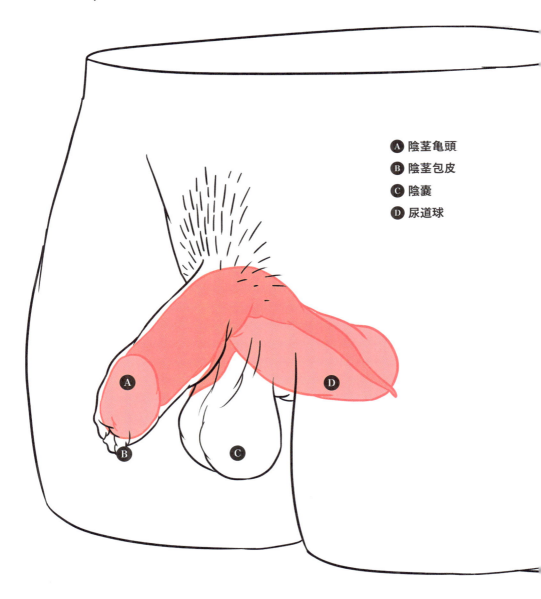

- Ⓐ 陰茎亀頭
- Ⓑ 陰茎包皮
- Ⓒ 陰嚢
- Ⓓ 尿道球

体内に隠れているもの
Ce qui se cache à l'intérieur

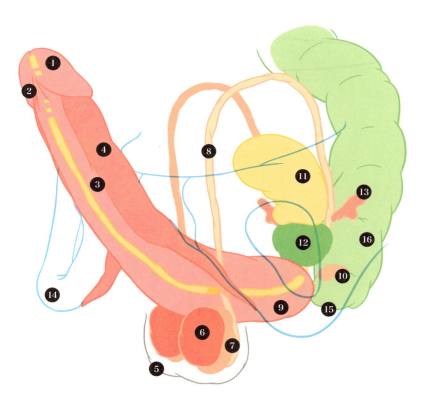

❶ 陰茎亀頭
陰茎（ペニス）が勃起していない時は、包皮に覆われている。割礼を施されている場合は、常に空気にさらされたままになる。

❷ 包皮小帯
❸陰茎包皮と❶陰茎亀頭をつなぐ細く伸びた皮膚。

❸ 尿道海綿体
陰茎の内部で、左右一対の❹陰茎海綿体の下側に位置し、中に尿道が通っている。先端に❶陰茎亀頭、根元側に❾尿道球と、二つの膨

らみを持つ。

❹ 陰茎海綿体

陰茎の内部で、上側に位置する。陰茎の体外に出ている部分と、体内の一部分を構成する。ヴァルヴァの陰核（クリトリス）と同様に、左右に分かれて陰茎脚を形成し、骨盤に固定されている。

❺ 陰嚢

陰核の大陰唇に相当する。❻精巣を包む（そして、あなたの"キンタマ"を低い温度に保ってくれている！）袋。

知っていた？

　❺陰嚢の表面にある縫い目のような線を、"陰嚢縫線"と呼ぶ。これは、もしもヴァルヴァを持って生まれていたら、大陰唇の端になっていたはずの部分。びっくりしたでしょう？

---

❻ 精巣

「友だちの知り合いに、精巣が三つある人がいるんだって」という話をよく聞かされる。

❼ 精巣上体

❻精巣に隣接し、精子を成熟させて、❽精管に送り出す。

❽ 精管

精子を送る管。この精管の内容物と❼精巣上体の内容物の一部が、射精の際に前立腺部尿道に送られる。

❾ 尿道球

❸尿道海綿体の体内に隠された部分。❺陰嚢から⓯肛門まで続く皮膚に覆われている。ヴァルヴァを持つ人の前庭球に相当する。

❿ 尿道球腺(カウパー腺)

ヴァルヴァを持つ人の大前庭腺(バルトリン腺とも呼ばれ、潤滑液を分泌する)に相当する。ここから分泌される液体は「がまん汁」「先走り汁」などと呼ばれるが、実際、興奮した時に最初に分泌される液体である。

⓫ 膀胱

尿を貯蔵する場所。

⓬ 前立腺

クルミほどの大きさで、精子を含む液体を分泌する。

⓭ 精嚢

ここから分泌される液体が、精液の大部分を占める。射精直前まで活発に活動する。

⓮ 骨盤

マカレナ(スペインで生まれた軽快なダンス)を踊るのに役立つ。

⓯ 肛門

フランス語では、「包皮」という単語と韻を踏んでいる*。つまらないことでごめんなさい。

＊フランス語で肛門はanus〔アニュス〕、包皮はprépuce〔プレピュス〕で、韻を踏んでいる

⓰ 直腸

ウンコを作ること以外には役に立たない。

⓱ 骨盤底筋群(ペリネ)

たくさんの筋肉が集まっていて、いろいろなことに役立つ部分。特に勃起を硬くする。タントラの信奉者には非常にあがめられている。ここを引き締めると、思いがけないほどの快感を得られる。

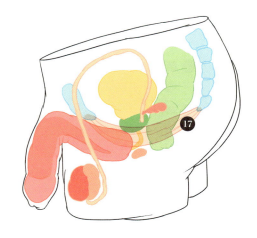

陰茎背静脈

　ペニスを横に切ってみたら、どうなる？
あ、もちろん、本気じゃないけれど……

❶ **陰茎背静脈**
❷ **陰茎海綿体**
❸ **尿道海綿体**
❹ **尿道**

　勃起しても硬くならない？　それなら、陰茎背静脈が助けてくれる。強く押して、血液の循環を止めるだけでいい。すると、血液は逃げ場がなくなって、性器を膨張させるから。ほら、硬くなったでしょう？

　コックリング（ペニスにつけるセックストイ）を使うこともできる。勘違いしてうまく勃起してくれるかもしれない。

すべて、すべて、すべてに、
お答えします……
Tout, tout, tout, vous saurez tout...

先走り液

　この液体は、興奮した時に尿道球腺（カウパー腺）から分泌される。潤滑を助けて挿入を容易にするという点では愛液に似ているけれど、尿道に残っている尿を掃除する役目も持っている。

　透明で、分泌量は人によってさまざま。

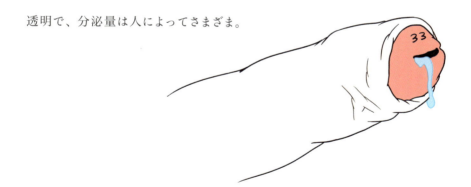

　精子は含まないとされている。でも、ときどき、尿道にこっそり隠れていた精子が混じってしまうことがある。だから、あなたがパートナーを妊娠させたくなくて、しかもコンドームなしにセックスするならば、その前に勢いよく排尿しておくこと。ただし、妊娠のリスクはゼロにはならない。残念だけれども……。

柔らかなキンタマ　vs　硬いキンタマ

　陰囊には、睾丸の温度を体内の温度より少しだけ低く保って、精子の産出を助ける役目がある。精子はとてもわがままなので、周囲の温度がいつも34度前後でないと我慢できない。だから、キンタマを包む皮膚（陰囊のこと）は、暑いとたるんで体から離れ、寒いと縮んで体にくっつき温まる。自然とはうまくできている。そう思わない？

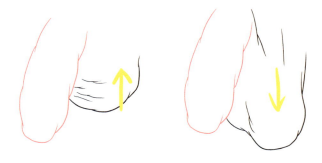

> 知っていた？
>
> 　聞いたことがあると思うけれども、異常に性欲の強い女性を「ニンフォマニア」と呼ぶことがある。この用語はあっという間に広まって、しばしば軽蔑的なニュアンスで、間違った使い方をされるようになっている。
>
> 　それでは、同じ意味で男性を表す言葉を知っている？　私は知らないけれど、知らなくて当たり前。だって、セックスが大好きな男性というのは……それこそが男性なのだから。
>
> 　いいえ、実際には、色情症の男性を表す言葉は存在する。「サチリアージス」だ。それでは、ここで言わせて。「これは、家父長制の問題だ！」と。

精液

　精液は、精巣上体の尾部と精管に含まれる精子と、精嚢と前立腺と尿道球腺（カウパー腺）からの分泌物が混ざったもの。要するに、まさしく混ぜこぜでどろどろ。でも、イラストにすると、きれいに見える。

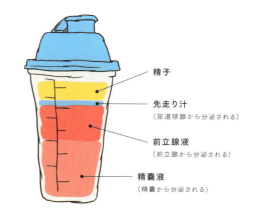

精子
先走り汁
（尿道球腺から分泌される）
前立腺液
（前立腺から分泌される）
精嚢液
（精嚢から分泌される）

　精液には、生殖能力以外に、さまざまな効用があるとされている。本当？　それとも幻想？　真実がわかることはおそらく決してない……。

抗うつ剤

　ある研究によれば、精液には、天然の抗うつ剤としての効能があるらしい。コンドームをつけずに性行為を行うと、たとえどの穴を用いても、この親切な液体は不安を和らげることで知られるセロトニンとメラトニンを放出するという。

　ちょっとブルーになっている？　それならどうすればいいか、わかったでしょう……。ボウル一杯の精液を飲めば、ほら、元気になった！！

アンチエイジング

　精液には、細胞の老化を妨げることで知られるスペルミジンという物質が含まれている。だから、パックに混ぜたり顔射したりすると、髪や肌に目覚ましい効果があるらしい。「必要なものは家にあるのに、人々は法外な値段のクリームを買って破産する。」ヴィンセント・マック・ドゥーム（トランスジェンダーとして知られる人物）はそう言った。けれども、哀れにも愚かな私たちは、彼を笑い飛ばしたのだった。

お先にどうぞ

　パートナーに精液を飲ませようとするなんて、下心が見え見え……。真鱈の肝油を食べたり、ブルゴーニュのエスカルゴの分泌物を塗るのと同じ。体にいいからって言うけれど、本当は違うでしょう？　まあ、精液も似たようなもの。飲ませる前に、まずはショットグラスに一杯、飲んでみて。そのあとで、また話しましょう。

包皮切除とペニスの感度

　成人後も、亀頭が包皮で覆われていて、勃起しても冠状溝まで露出できないために、性交が困難だったり痛みを感じたりするケースがある。これを「包茎」と呼ぶ。もしもあなたがそうならば、まずは診察を受けること。包皮を切除すべきか、あるいは包皮形成手術を受けるべきか、医師が判断してくれる*。でも、あまり心配しないで！　成人してから手術を受けた人たちが、「大変だっ

たでしょう?」という質問に答えてくれている。

　ざっと見たところ、一般的な傾向はなさそうだ。人によって、感度が鈍ったり、前よりよくなったり、変わらなかったりといろいろらしい。こすれて痛みを感じるようになった人もいるけれど、これはむしろレアなケース。いずれにしても、大部分の人が、手術による変化で心の傷を負うことはなく、むしろうまくやっている。

　ただし、ひとこと言っておくと、手術後は潤滑剤が前よりたくさん必要になることが多い。

＊日本では仮性包茎は手術不要と性教育で伝えており、真性包茎の場合のみ手術をすすめている

ひと休み!
Halte-là!

避妊法は、女性器のためのもの?

　ヴァルヴァを持って生まれた人向けの避妊法は、副作用があるのであまり人気がない。そうなると、ペニスを持って生まれた人にも責任を負ってもらおうということになる。それも当たり前、避妊はすべての人の問題なのだから!

　では、いったい、どんな方法があるの?

　効果が証明されているのは、もちろんコンドームの装着。便利だし、病気の予防にもなる。知っているでしょう?

　ピルはまだテスト段階なので、現時点では最高とは言えない。それに、フランス人の関心が薄いので商品化されない可能性もある。まあ、いいけれど……。
　サーモブリーフ(加熱ブリーフ)はまさに天才的な発明。陰嚢を持ち上げて

体に密着させることで、温度を36度から37度に上げ、精子の産生ができないようにする。毎日着用するのが条件。初日は違和感があるかもしれないけど、すぐに馴れる。要するにブラジャーのようなもの。そして、子どもが欲しくなったら、着用をやめればいいだけだ。問題は、世の中にほぼ存在しないこと。さらには、誰にも興味を持たれていないこと。だから、処方してくれるかどうか、かかりつけ医に頼んでみてほしい。たとえ、それをしてくれる医者*が、フランス中に一人しかいなくても……。

＊考案者は陰嚢の温度に関する研究で2019年度のイグノーベル賞解剖学賞を受賞したロジェ・ミューセ博士

　それから、パイプカットという方法がある。これは、子どもを望まないか、すでに子どもがいる人に向いている。精管を結紮して、精子が通れないようにするものだ。局所麻酔をして、バチッと切って、縛る。かっきり10分間で、痛みもなく、その後の勃起にはまったく影響がない。それに、手術を受ける前に医師に頼めば、許可された研究所で精子凍結をしてもらえる。

　そして、もうひとつ、医師に「スペルモグラム」を頼むこともできる。これは精子の濃度検査。やってみたほうがいい。

　結論として、十分に開発されていて「リスクなし」と判断されている避妊法は、コンドーム以外に存在しない。これを聞いて、ペニスを持つ人たちは取りあえずほっとするはず。この状況を変えることができればいいのだけど……。

STI（性感染症）から身を守る
（コンドームをつけても、勃起することは可能）

STIを予防するためのちょっとしたアドバイス。

―性的指向が何であっても、コンドームの装着は絶対に必要。
―ワクチンを忘れずに打つこと。

　勃起ができないとか感度が鈍るとか言って（これらは、ＳＴＩをうつしたりうつされたりする危険を冒すことの正当な理由にはならない）、コンドームをつけるのを嫌がる人は多い。でも、コンドームは、うつされるかもしれない病気を予防するには欠かせないものであり、優れた避妊法のひとつ。だから、これからセックスしようという時、あなたがコンドームの装着を嫌がらないと知ったら、お相手からの評価はぐっと高まるに違いない。

　もしもコンドームが不快に感じられるなら、それはたぶんサイズが合っていないから。コンドームは、ペニスにぴったりはまっていなくてはいけない。サイズが正しいかどうかは、親指と人指し指で巻き下ろしてみればすぐわかる。たわむ部分ができたなら、そのコンドームはあなたのペニスには大きすぎる。

　コンドームのサイズを選ぶ時に、ペニスの長さはまったく（あるいはほとんど）関係ない。問題は周囲の長さだ。きつすぎるとペニスの動きが鈍くなるし、逆に大きすぎると、破れたりずれたり、どこかに入りこんでしまうかもしれない。いずれにしても、コンドームを買うのはペニスを持つ人の役目。パートナーにはサイズがわからないから。
　自分にぴったりのコンドームを手に入れるには、ネット・ショップがおすすめだ。サイズが豊富で、まるでオーダーメイドのテーラーに行くみたい。それに、付け心地がまったく違うことは私が保証する！

一部の転売屋やメーカーは、理想のサイズを選ぶためのシミュレーションをさせてくれる。好みの多様化に加えて、ゴムアレルギーの人向けの製品も作られている。

ネット・ショップを利用しない場合は選択肢が限られる。S・M・Lの三種類しかないから。厄介なのは、メーカーごとに標準サイズが異なること。しかも、記載されているのはコンドームの直径であって、ペニスの周囲ではない（そのほうが測りやすいのに）。おかげで適したサイズを見つけるのがとても面倒で、ほとんどの人があきらめてしまう。そして結局、出来合いのコンドームを店で買うことになるけれど、急場をしのぐにはちゃんと役に立つ！　選ぶ時は箱をよく見ること。目立たない場所であっても、サイズはちゃんと書いてある。

自分に一番よく合うサイズを見つけるには、柔らかなメジャーか紐で、勃起しているペニスを測ればいい。（亀頭ではなく、中ほどの部分）

さあ、これで大丈夫！　あとは次のページの表を参考にして、店で買うべきサイズ（おおまかな）を選ぶだけ。

肛門性交の場合は、体内に入れるコンドーム（55ページの女性用コンドームに同じ）が役に立つ！　日本では製造販売されていないため、使用するにはネットで海外から取り寄せる必要がある。

気分転換に「アナル舐め」をする時の予防には、ラバーダムが最適。これも、ネット・ショップで探せる。もしも手に入らないならば、コンドームを使って自作できる。

そして最後に、衛生的に指や足を使うには、ラテックス製の手袋があればいい。ドラッグストアかネット・ショップで手に入る。

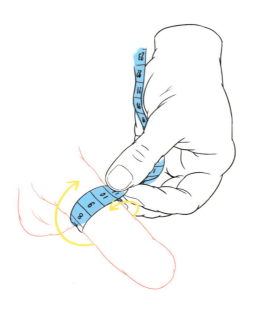

周囲(mm)	直径(mm)
102以下	45〜47
103〜114	48〜49
115〜119	50〜51
120〜124	52〜53
125〜130	53〜54
131〜140	55〜58
141〜147	58〜60
148〜155	60〜64
155以上	64〜69

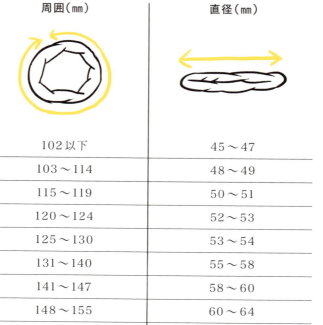

これは問題？
いいえ、問題ではありません。

Un problème ? Pas de problème

勃起不全、早漏、遅漏……

　まず病院に行って、身体的な異常がないかどうかを確かめること。何か問題があれば、医師が適切に対処してくれる。

　もしも精神的な要因が大きいならば、この章はきっとあなたの役に立つ。たぶんあなたは、これまでも散々言われてきたはず。パートナーを喜ばせるには「強く」なくてはダメだとか、挿入は最低でも20分間は必要だとか……。でも、挿入時間の平均は2分から10分間！　2分以下だったら早漏かもしれないけれど、10分間以上はおまけ。それだって、もしもヘタなら長すぎる。

　ヴァルヴァを持つ人も、嫌というほど聞かされてきた。挿入は絶対的なものだとか、パートナーが勃起しないのは欲望を感じさせないせいだとか……。まったく耐えられないようなプレッシャー！　これでは、ペニスの悩みを抱える人が増えるのも当たり前……。

　同様に、ずっと信じ込まされてきたのが、「ヴァルヴァを持つ人は誰でもペニスによってオーガズムに達する」という決めつけだ。これは間違っている。ヴァルヴァを持つ人の大部分にとって、とんでもなく間違っている。挿入によってオーガズムを感じることはあるけれど、それはあくまでも例外的なケース。ほら、これを聞いただけで、プレッシャーが軽くなったでしょう？

でも、実を言うと、もしもあなたが挿入できないならば、パートナーとして引く手あまたかもしれない。なぜって、ポルノ俳優と違って、ペニスを使えない分だけ創造力を発揮できるから。つまりあなたの手は、世界中のペニスが寄ってたかってもかなわないほど、多様な動きをマスターしているはずだから。そして、パートナーが感じるのを見れば、あなただって興奮するに決まっている。私だったら、もうそれで十分。
　えっ、違う？　なるほど、わかった。あなたは自分のペニスを使えるようになりたいのね……。それじゃあ、続けましょう。

　私の調査によれば、問題解決に成功した人たちのほとんど全員が、同じことを書いてきた。何だと思う？　驚かないで！　きっと信じられないから……。相手を感じさせなくてはいけないというプレッシャーに苦しんだ人たちが選んだ方法は……パートナーと話し合うこと！

　完璧を望まないのであれば、勃起問題の解決策はたくさんある。

―状況を分析して、問題の原因を突き止め、共に安心して支え合うこと。こうすれば心理的な抑圧から解放される。ただし、パートナーに理解があって信頼できることが条件。

―精神科医や性科学者に診てもらうのも、素晴らしい方法。鍼やリフレクソロジーなどの中国医学も効果あり。

―アダルト作品の見すぎも不調の一因。「異常」な状況で興奮するのに脳が

慣れてしまうと、「普通」の人と過ごす「普通」の状況が物足りなくて、性欲も湧かなくなってしまう。もしもこうなったら、アダルト作品を観るのをしばらくやめて、現実世界だけに生きたほうがいい。勃起がうまくできるようになったら、またいくらでも楽しめるから。

—射精しそうだと感じたら、姿勢を変えてみよう。ペニスの根元を強く圧迫して、精液の流れを止める。射精をがまんする練習には、オナニーホールを使うといい。いろいろな価格のものが販売されている。

—ひと休みして、パートナーを愛撫する。相手を感じさせなくてはいけないと無理に思わず、まずは手や口で相手をオーガズムに導いてみたら？そのあとで、パートナーに頼んで、待たされていたあなたの性感苔を愛撫してもらおう。プレッシャーがぐっと下がっているはずだから。

—ときどき、性交の最中に、どうしようもなく相手が嫌になることがある。そうなったら、正直にうち明けて相手と別れたほうがいい。そして、もっと穏やかな関係を持てる人を選ぼう。

—射精が起きなかったら、興奮しそうなことを想像してみる。あなたが何を思っているかなんて誰にもわからないから大丈夫。最後の一押しをするのに、別のことを考えるのは全然悪いことじゃない。他の人たちもみんなやっている！

—薬やアルコールは、セクシュアリティを鈍らせる。使いすぎていると感じたら、量を減らすかやめること。

　最後に、これだけは覚えておいて。たぶん、あなたのパートナーは、あなたが挿入できないことをあまり気にしていない。ただし、あなたが別の方法で快楽を与えてあげるならば、の話だけれど。そのためにはどうするか、それをこれからお話ししよう。

On fait l'amour avec les mains.

手で愛を育む。

射精することが、オーガズムを感じることではない。逆もまた然り。

　忘れられがちなことだけど、射精（どちらの性であっても）は必ずしもオーガズムに結びつかない。オーガズムに達するには、ある種の精神状態になること、つまり「手放すこと」が必要だけれど、射精は機械的な動きに過ぎないからだ。でも、その射精ができなかったら？

　落ち込まないで……。射精できないからと言って、快楽やオーガズムを得られないわけじゃない。

　そう、射精しなくても、オーガズムに達することはある！
　内尿道括約筋（膀胱の出口付近にあり、尿が混ざるのを防ぐ）と外尿道括約筋（前立腺の出口付近にある）の間で尿道が圧迫されると、射精された精液が膀胱に向かって逆流する。これは、外尿道括約筋が閉じて、内尿道括約筋が開くから。この場合、精液はトイレで尿と一緒に自然に排出される。

　オーガズムに達しようという時、尿道球（陰嚢と肛門の間に位置する膨らんだ部分）をぐいと押し込んで、精液の流れを止めてみて。これはオーガズムの感覚を数倍にも高めてくれる*。

*何回か我慢してから射精することによって精液量が増えたり、快感が増すことがある。毎回うまくいくとは限らないが、訓練によって上達する

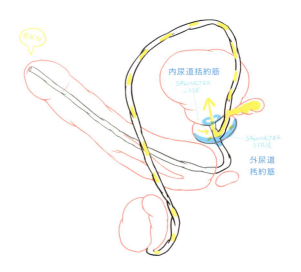

自分自身を知ろう
Connais-toi toi-même

ペニスの自己探求、でも、それだけでは……

　随分長い間、自分のコンフォートゾーンから出ていないのでは？　人は誰でも自分の習慣を持っていて、それが心地よく感じられるとやめるのがつらくなる。ただし問題は、この習慣が単調になりやすいこと。マスターベーションというささやかな楽しみが、ある日、何の味わいもない機械的な作業に変わってしまうかもしれない。いつも似たようなアダルト作品を観て、いつも同じ方法でセックスやマスターベーションをして、いつも同じ……。これでは毎日、同じ料理を食べるようなもの。飽き飽きしてしまう！

　ここで提案したいのは、まず、くつろげる環境をつくること。キャンドルを灯す、音楽をかける、ASMR動画を流す、セミの鳴き声を48時間録音する……。それとも何もしない。ただ、自分が心地よければそれでいい。

1- まず、あなたがアダルト作品の愛好家で、それがあなたの性生活に影響を及ぼし始めているならば、アドバイスできるのはただひとつ、観る量を減らすか、それともパターンを変えること。サーチバーに新しいキーワードを打ち込んで、新しいセクシュアル・ファンタジーを探してみる。セクシュアリティは変化するものだから。16歳と40歳では好みが変わって当たり前。ときどき習慣を破ってみると、自分の欲望が変化していることがわかる。どんなものに興奮しようとも、心配したり恥じたりする必要はない。誰だって口に出せないファンタジーを心に抱いているものだから。それを実生活でも表現せずにいられない人もいれば、隠しておいて興奮を高めるのに使う人もいる。どちらにするのか、決めるのはあなた。

2- 最初は陰茎亀頭にそっと触り、それから指を少しずつ下にずらして、生殖器を愛撫する。すべての部位にくまなく触ること。特にデリケートなところには注意して。

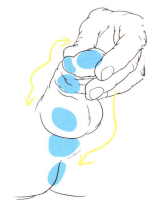

そのあとは、さらにやさしく別の場所も愛撫する。体でも乳房でもどこでも好きなところを……。趣向をこらし、動きやリズムに変化をつけて、「道具」（たとえば、羽根、バイブレーター、ゲランドの塩――あっと、これはやらないで――など）も変えてみる。

ひとつずつ、すべての性感帯を見つけてほしい。これまでだったら思いつきもしないところにも指を入れてみる。そう、お尻のこと。大

丈夫、あなたは一人だから、誰も見ていない。まずはそっと肛門を愛撫する。そして緩んできたら、指か小さなディルド（口紅サイズのものもある。肛門に試すのが初めての人にはおすすめ）を入れてみよう。

　気が進まないなら、もちろんそれもあなたの自由。誰も強制するわけじゃない。でも、もしもその理由が「男らしさを失うから」というものだったら、言わせてほしい。「あなたはとんでもない勘違いをしている」と。この快感は、ゲイの人や女性だけのものではないし、ましてや「服従」の証なんかではないから。そんな下品な考えは、頭から取り出して、お尻に入れてしまいましょう。（うまい言い方でしょ？）

3- もしも一人でするのが嫌ならば、パートナーに話してみてもいい。きっと、喜んで新しい体験を共にしてくれるはず。まず、互いにすべてを打ち明ける。どんなことに興奮するのか、どんな幻想を抱いているか、どんな不安や欲望を感じているか……。伝え合うだけで、評価はしないこと。そして、もしも、相手の幻想を満足させられそうにないと感じたら、ためらわずにそれを告げよう。無理やりするのはダメ。それに、そのうち好きになるかもしれない。セクシュアリティとは常に変化するものだと言ったでしょう？　まあ、それはともかく、パートナーに触ってくるように頼んで、新しいことに誘ってみよう。性器でなくても構わない。頭皮からつま先まで、なでたり軽くこすったりひっかいたりしながら、自分の性感帯がどこなのかを探してみてほしい。こうした時間が、あなた方カップルにとって重要なステップになる。そして間違いなく、この共同作業があなた方を親密にする。

重要なのは大きさではない！

　もちろん、まったくどうでもいいとは言わない。組み合わせというものがあるから。巨大なペニスがすべての人に喜ばれるとは限らないし、小さなペニスが好まれたりもする。それに、痛みがあったり何も感じなかったりして、相性が悪いと認めなくてはならない時もある。でも、不一致があったとしてもがっかりしないで。あなたのセックスライフが終わったわけじゃないから。性器の大きさは、いい恋人になれるかどうかにはまったく関係ない。性器を使えて（あるいは使わなくても）、創造力があって、相手の話をちゃんと聞いて、手と舌を器用に動かせるならば、あなたは本当の「セックス巧者」になれる。

Personne ne te baisera aussi bien que celui.celle qui prend du plaisir à te faire jouir.

あなたを歓ばせることに歓びを感じる人が、
あなたにとって最高のセックス・パートナー。

Bon, on baise ?

さあ、セックスしましょう

性感帯のカルトグラフィーと
イラストつきのアドバイス

　いよいよこの章を読んでもらえるので、ものすごく興奮している！　ここでお話しするのは、快感と歓びと創造性について。私の性器を酷使して書いたので、お気に入りの章だ。同じ解剖図を使いまわしていると思うかもしれないけれど、よく見てもらえば違いがわかるはず。ここでは、快感を得られる場所を青く塗ってある。もちろん、私たちは一人ひとりが違うので、青く塗ってある場所でもまったく感じなかったり、あるいは反対に、狂いそうなほど感じる場所が塗られていなかったりするかもしれない。私が提案するのは、自分の性感帯のすべてを知ること。そうすれば、感覚や動きや創造性をどれだけ発展させられるかがわかるから。

"僕は君とセックスしたい
君は僕とセックスしたい
僕たちはセックスしたい
アハンアハン　アハンアハン"

オドゥゼンヌ
〔フランスのラッパーグループ〕

感じるのは腟と陰核亀頭（クリトリスの亀頭）だけじゃない！　体中を
よく探せば、あらゆるタイプの快楽が見つかる。たしかに、クリトリ
スに関わるところが一番多い。だって、ほら、クリトリスは快楽のた
めだけに存在する唯一の器官だから。めくるめくオーガズムが得られるのも、
心地よい挿入ができるのも、クリトリスのおかげ。でも、性感帯は他にもある。
いじるとめちゃくちゃ気持ちよくて、これまでとは違うオーガズムを与えてくれる
場所がある。知らないとしたら、それは挿入が優先されているから。探してみれ
ば、きっと多くの可能性が見つかる。どの場所がどんな快感を与えてくれるかを
二人で探すのは、とても楽しい体験だ。そして自分の体のすべてを知ったなら、
あなたとセックスできる幸せな人を、もっとわかりやすい方法でリードできるよう
になる。

　この図の青く塗られた部分には、快感を与えてくれない場所もあるだろう
し、逆に不快に感じる場所があるかもしれない。でも嬉しいことに、時と共に
欲望や感覚も変化する。だから、あなたの性器は、きっとサプライズを用意し
てくれている。

クリトリスとその周辺の12の性感帯

Les 12 zones de plaisir du clitoris et de ses environs

❶ 陰核亀頭（外的刺激）

オーガズムを感じる場所の中でもナンバーワン。非常にデリケートな部分なので、触れられると痛みを感じる人もいる。

❷ 陰核茎部（外的刺激）

皮膚の下にあり、小さなひも状の形をしている。感度には個人差がある。亀頭はデリケートすぎるので、こちらを触ってもらいたがる人もいる。

❸ 腟前庭と小陰唇（外的刺激）

腟前庭は愛撫するのに最適な場所。ここで指を動かすと、腟が潤ってくる。右のイラストをよく見ると、小さな黒い点が４つある。上の二つが傍尿道腺（スキーン腺）（射精液を分泌する）の、そして下の二つが大前庭腺（バルトリン腺）（潤いの一部となる液体を分泌する）の開口部だ。小陰唇も、人によっては特別に感じやすくできている。要するに、無視していい場所なんてひとつもない。覚えておいて。ひとつもない！

❹ 腟口（内的刺激）

腟口は、左右一対の前庭球の間に位置する。きわめて感じやすいところ。

❺ ざらざらゾーン（Ｇスポット）（内的刺激）

実を言えば、興味深いのはＧスポットそのものよりも、その場所の探し方。❹腟口からすぐ、ほぼ指２関節の位置にあるここを刺激するというのは、傍尿道腺（スキーン腺）と陰核脚の合わさる部分を刺激するということ。ざらざらしているのが目印になる。

❻ 噴水ゾーン＊と腟前壁（内的刺激）

この二か所は、触る場所が腟壁の同じ場所でも、腟壁には弾力性があるから指や性器の向きによって、届く場所が変わるということ。「噴水ゾーン」は、指を鉤型に曲げて、恥骨結合の後ろを軽くたたいた場合で、膀胱を前側から刺激する。触るとすべすべしていて、ここを刺激すると、有名な「潮吹き」を起こすことがある。パートナーの下腹部越しに指が動くのを感じたなら、そこが噴水ゾーン。そ

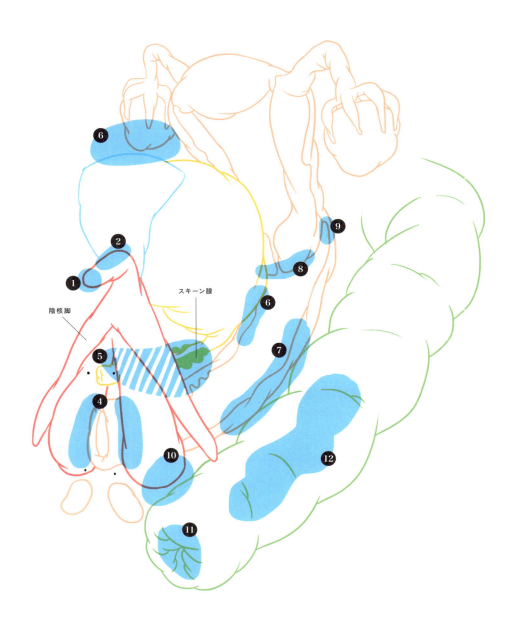

う、『エイリアン』のシガニー・ウィーバーのように。「腟前壁」は、腟の中で指をまっすぐ伸ばしたままの場合で、膀胱を下から刺激する。こちらも潮を吹く。エイリアンの妄想がなくても……。膀胱が刺激されるからおしっこをしたくなる？　それはごく正常。だから、そうならないように、前もって排尿をすませておくこと。それでも尿意があるなら、たぶんあなたは潮吹きしようとしている。

＊医学的には未確認だが、本書では原文に忠実に記載する

❼ 腟後壁（内的刺激）

❹腟口と❽子宮頸部の間に存在する、腟と⓬直腸を隔てる薄く滑らかな膜。ここはとても興味深い場所。なぜなら、刺激すると、普通の挿入とはまったく異なる快感が得られるから。この感覚をペニスで得るのは難しい。90度の角度に曲がるペニスならば別だけれど。だから指を使うのがおすすめ。

❽ 子宮頸部（内的刺激）

手かペニスかディルドを深く入れて刺激する。痛みを感じる場合が多いかもしれない（ひどい生理痛に似ている）。だから、やさしくしてあげて。パートナーがもっと強く、とせがむのならば別だけど。

❾ ダグラス窩（内的刺激）

腟がリラックスして興奮している時に刺激すると、とっても気持ちがいい。もしもパートナーが痛がるなら、その理由は、あなたが強くやりすぎている、相手に不安がある、欲情していない、子宮後屈、婦人科の診察を受けるべき何かがある、のいずれかだ。

❿ 小さな球＊（内的刺激）

腟後方部の端に位置する。肛門の裏側。

＊医学的には未確認だが、本書では原文に忠実に記載する

⓫ 肛門（外的刺激）

最高！

⓬ 直腸（内的刺激）

エクセレント！！

La chatte, mode d'emploi

女性器の使用法

なんてお上手……
ピアノをなさるの？

こつ、こつ、こつ？

Toc toc toc ?

口を膨らませ、唇を陰核亀頭（クリトリスの亀頭。このCHAPTERでは以下「亀頭」とする）に押し当て、舌を出し、亀頭を断続的に軽くたたく。リズムを決めるのはあなた。速度を変えられるセックストイになったつもりでやってみて。

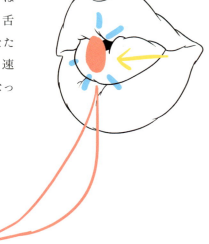

私の"アソコ"ちゃん、
脱毛していなくてもいいからね

あなたの体だから、決まりを作るのはあなた。きれいだの見苦しいだのと言う権利は誰にもない。だから他人が何を言っても無視すること。もしも痛い思いをして毛を抜くのが嫌ならば、もしも脱毛を続けたくないならば、それを決めるのはあなた！

アヒル口

Duck face

　もしも、誰もが知っているセックストイ（"クリトリス・バイブ"が、ブリトニーの歌のタイトルになっているって知ってた？　覚えておいて！）を買うお金がないならば、口で吸ってあげればいい。とっても簡単。まず、アヒル口を作り、その可愛い唇でパートナーの亀頭をそっと包む。そうしたら、さあ、**吸い込んで！**　流しの排水溝に水が吸いこまれる時みたいな音がするけれど、ものすごく感じる！　ペニスを吸われるのも、こんな感じじゃないかと思う。舌を出したり引っ込めたりして、空気を通すのも楽しい。ただし、ものすごく速く動かすこと。

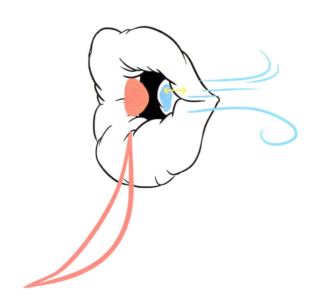

私をはさんで

Pince-mi

　唇でパートナーの亀頭をはさみ、そのままの状態で舌を動かす。上から下へ、それとも右から左に。お好きなように。

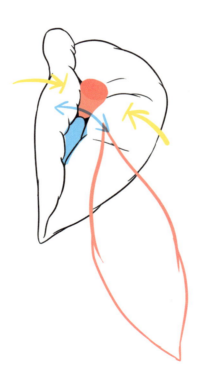

こつ、こつ、こつ（もう一度）

Toc toc toc (again)

　指先で亀頭を何度も軽くたたく。力を入れすぎないように注意して！　最初はまず、そっと触れること。とても感じやすい場所だから、パートナーに痛い思いをさせないように……。

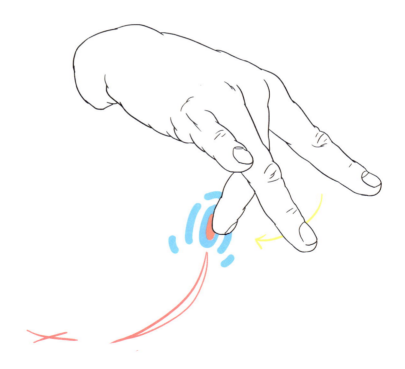

ギリッ、ギリッ！

Diling diling !

めちゃくちゃソフトにやること。いい？　亀頭をそおっとはさんで、ほんの少しだけひねる。とにかく**そおーっと**。

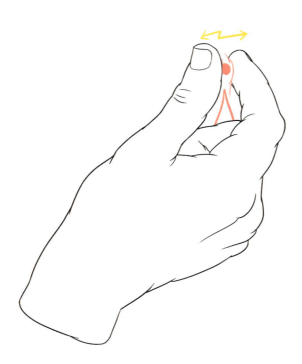

プロ並み！

Quel.le pro !

　上手なクンニリングスの決め手は、動きと速度の切り替え。パートナーを歓ばせる方法をひとつ教えてあげよう。片手を恥丘の根元に置いて、皮膚を上のほうにひっぱると、亀頭がフードを脱いで現れる。パートナーはすごく感じるし、あなたをプロみたいだと思うはず。ただし、すべてのヴァルヴァがこうなるとは限らない。ひっぱっても亀頭が出てこなかったら、それ以上はやらないで。パートナーに痛い思いをさせてしまうから。何度でも言うけれども、**コミュニケーションが大切！**

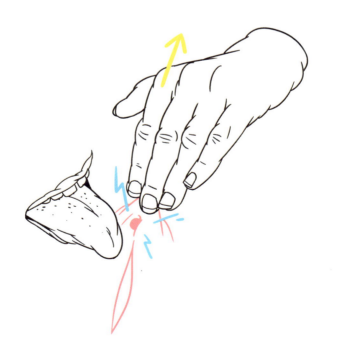

上手なクンニリングスの秘訣

とても期待させるタイトルだけれど、これは注意を惹くためにつけただけ。奇跡のレシピとか、ただひとつの方法だとか、そんなものがあるはずないって、わかるでしょう？　それでも、ヴァルヴァと仲良くするにはいくつか決まりごとがある。

①

　相手のヴァルヴァや胸にいきなり触らないこと。待たされてじらされるほど、興奮は高まるものだから。そう、"忍耐は金なり"。パートナーの全身が愛撫を待っている。そうなったら、性器をなぞり、見つめて、足をもてあそび、耳たぶを舐めて……。見つけるもののすべてが緊張を高めてくれる。きっとわかる、パートナーの感じるところは生殖器だけではないことが。

②

　性器にそっと触れる。亀頭のまわりをぐるりと舐める。速すぎてもいけないし強すぎてもいけない。特に最初は注意して。始めから舌を強く押しつけたり、むやみに舐め回したりしないほうがいい。ただし、相手がそれを望んでいると感じたならば別だけど！

③

　クリトリスが飽きないように、動きやリズムをときどき変えよう。同じ方法ばかりでは、パートナーが何も感じなくなってしまうかも。やり方を変えるだけで、興奮が再び最高潮に達することがある。

④

　創造的になって楽しんで！　感じさせる方法ならばいくらでもある。舐めて、すすって、吹いて、吸って、たらして、つついて、いじって……。鼻の頭や手やディルドや、氷やお湯や冷水などを使ってもいい。怖がらずにいろいろなものを試してみよう。ただし、相手の同意があることが絶対条件！　性教育ポルノ動画も参考になる。おすすめの動画を観れば、いろいろなことがわかるから。

⑤

　感じているならば、それをはっきり相手に伝えよう。いいと思ったものは言葉に出してほめること。性器も、匂いも、嗜好も……。動きを止めて、ヴァルヴァに見惚れてほしい。ヴァルヴァを持つ人は、性器を露わにすることを不安がっている。性器にどれだけ個人差があるかを知る機会がないので、自分の性器の見た目や匂いを恥じているからだ。

⑥

効果的なやり方をひとつ教えてあげる。パートナーの息遣いが速まってきたら、それは"手放し"つつある証拠。つまり、あなたはうまくやっているということだ。ここで相手をじらしてみよう。何も言わずに、いきなり数秒間、動きを止める。たぶん、相手はいらだつけれど、同時にもっと興奮するはず。そうしたら、また始める。これを好きなだけ繰り返す。オーガズムに至るまで！　大成功！

⑦

クンニリングスの最中に、指をうまく使うと、とても効果的。クリトリスの内と外の両方、つまりあらゆるところを刺激することになるから。

⑧

辛抱強くすること。パートナーをオーガズムに導くには時間がかかる。だからくじけないで、与えることに歓びを感じよう。決まりはないけれど、だいたい5分から45分間。それ以上のこともある！

⑨

とにかくコミュニケーションが大切！　パートナーに何が好きかを聞かないならば、私のアドバイスはまったく役に立たない。そして、パートナー自身もわかっていないなら（よくあること）、この本を贈ってあげて！

親指！ 続けて……

Pouce ! On continue...

　親指を舐めてから、パートナーの亀頭にそっとあてがう。すぐに動かしてはダメ。あなたがヴァルヴァをゆっくり慈しもうとしていることを感じさせてあげて。

　このしぐさは信じられないくらい美しい。そう、本当に。

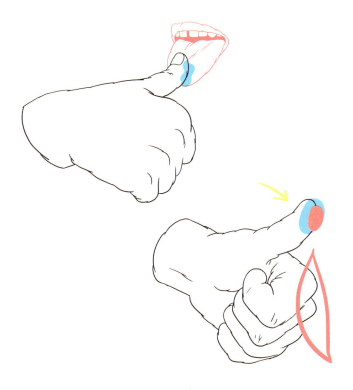

亀頭を震わせる

Tremblement de gland

いやだ、舌が痙攣してしまったの？　パートナーはまだオーガズムに達していないのに？　困ったおチビちゃん……。

手を恥丘に乗せて、全体を揺さぶりながら、間接的にクリトリスを動かしてみて。そうすれば、パートナーを感じさせながら、あなたの舌を休ませることができるから。

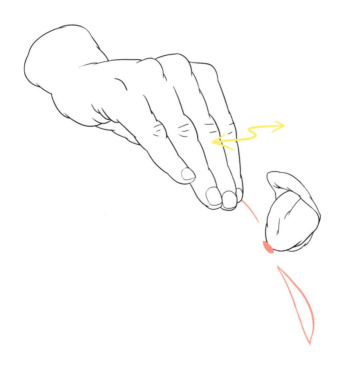

膣前庭に降りていく

Vestibulons

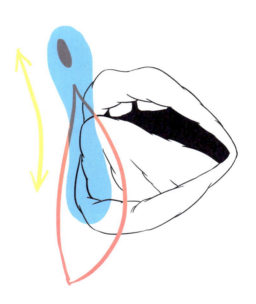

　亀頭に襲いかかる必要はない。亀頭にはお休みをあげて、膣前庭に降りていこう。そして、戻ってきて、また降りて……。もう一度！

ねえ、どこで覚えたの？

Mais où est-ce que tu as appris tout ça ?

　何度でも言うけれど、亀頭を触りすぎると、感じなくなってしまうことがある。それはかりか、痛みを感じるようになるかもしれない。だから、何もしないことも大切。休んでいる時間も、行為そのものと同じくらい意味を持つからだ。ここでは、別の場所を愛撫するようおすすめしたい。それは腟前庭、つまり尿道口と腟口のあるところ。恥丘に手を置き、ヴァルヴァを軽く上のほうにひっぱると、たいていは亀頭が顔を出す。そこで、もう片方の手の指を一本濡らして、腟前庭から亀頭まで上下に動かす。力の入れ方を変えてみよう。そっと触ったり、なでたり……。強く押しすぎてはいけない。ただし、相手が望むならば、もちろん構わない。

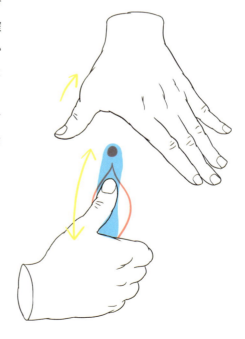

的を広げる

Élargir la cible

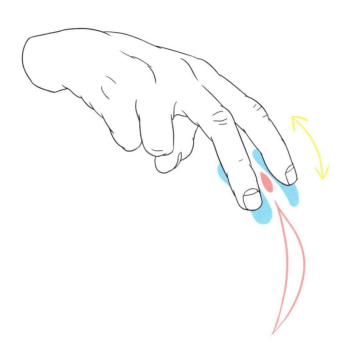

亀頭を直接触らなくても、気持ちよくさせることができる。その周囲を刺激するだけでパートナーを燃え上がらせることができるはず。

亀頭の両脇に指を置いて、縦方向に動かす。指が上に行った時、たぶん、亀頭が顔を出す。

ぷにゅ、ぷにゅ

Punis, punis

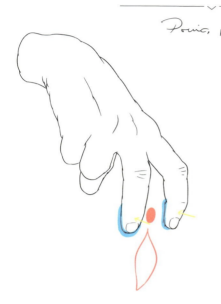

　二本の指を亀頭の両脇にあてがい、その指が肉に沈むくらいの強さで押す。すると、たいていは刺激が伝わって、亀頭が隠れ家から現れる。ぷにゅ、ぷにゅと押してあげて。亀頭が喜んでいるのなら。

"イッたふり"をやめたらどうなる？

　その前に、パートナーと話し合ってみたらどう？　あなたの体はとても神聖なものだから、自分を一番大切にすべき！　もちろん、口で言うのは簡単だとわかっている。誰だって、相手を傷つけたくなくて、あるいは早く終わらせたくて、"イッたふり"をしたりする。でも、この問題をちょっと見直してみるのは、誰にとっても悪いことじゃない。もしもパートナーがうまくできなかったら、落ちこませたままにしてはダメ。それについて話し合ってみよう！　ちょっと気まずいけれど、こうすることで人は進歩して、セックスを特別な経験にできるのだ。

クリトリスをまわす

Tourne le bouton

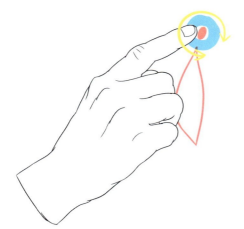

小陰唇を開いて、亀頭の周りでぐるりと小さな円を描く。その前に指を少し濡らしておくこと。

陰毛の微笑み

Le sourire du barbu

前にも話したけれど、クリトリスの感度は人によって実にさまざま。愛撫を痛がる人もいれば、強すぎると感じる人も、単にしつこいと思う人もいる。そうでしょう？　繰り返すけれど、だからって別に問題はない。つまり、クリトリスを直接刺激しないほうがスマートな場合もあるということ。それはともかく、クリトリスの亀頭しか触らないくせに、誰かを感じさせようなんて思っている人間は、牢屋にぶちこまれても仕方がない。えっと、ちょっと言いすぎたけど……。

これから教える動きは、きっと子ども時代の嫌な記憶を呼びさます。親戚のおばさんがぐいぐいと頬を擦り寄せてきて、ぱさぱさしておいしくないお菓子を無理に食べさせようとした時の……。いけない、こんなことを言うとセックス嫌いにさせてしまう！　いい？　五本の指全部で大陰唇をつかんだら、ぎゅっと締めつける。肉に亀頭が挟まれて動けなくなるくらいに（きつすぎてはいけない）。すると、パートナーの毛深さ具合とあなたの顔の角度によって、"ひげのおじさん"が笑っているように見える。その位置が決まったら、軽く小刻みに動かしてみよう。

　こうした動きのすべてが、クリトリスを間接的に刺激する。そして、最高に興奮するのが、パートナーが目にサディスティックな輝きを浮かべてあなたをのぞき込み、心の中でH…*Y MO**… F¨C…* S¨*Tのように扱い、それから YOU F**K…¨* FU¨*!!!　アハン…。

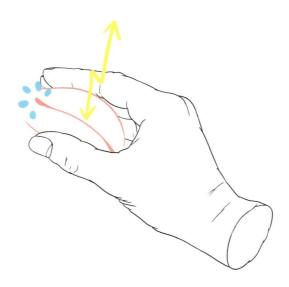

浴槽の中で

Dans la baignoire

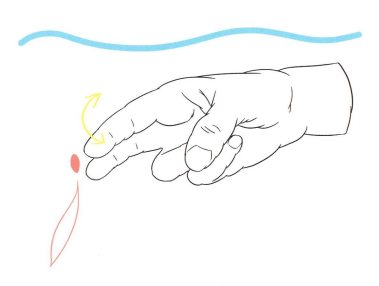

　あなたは浴槽の中で、手を動かしている。けれども、水が邪魔をして、うまくできない。潤いが流されてしまうので、すべりが悪くなっているからだ。でも、途中でやめるなんてもったいない。だから、手をイラストのような形にして、人さし指と中指をパートナーのクリトリスにあてがいながら、扇形を描くように動かす。すると、この動きから生まれた水の流れが、あなたの指が通ったすぐあとに、クリトリスをそっとかすめる。なんて天才的！

セックストイも使ってみて

Ne passe pas à côté de ces Sex-toys

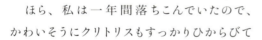

　特にセックストイの愛好家というわけではないけれど、話題の新商品についてぜひともお話ししておきたい。というのも、これを試したおかげで、私のアソコはいまも歓喜の涙を溢れさせているからだ。

　ほら、私は一年間落ちこんでいたので、かわいそうにクリトリスもすっかりひからびていた。マスターベーションをしたいなんて全然思わなくなったし、そもそも快楽と名のつく感覚がすべて消えてしまった。だから、このグッズを試してみた。ご存じない人もいると思うので説明すると、これはクリトリス・バイブにちょっと似ている。イラストを描いてみたけれど、身震いする感じはうまく出せなかった。

　肉厚の吸盤を、私のしぼんだ亀頭にあてがったら、わずか数分で問題は一気に解決……。ビーン！　若者のように、オーガズムに達した！
　吸い上げられる感覚が、いつものマスターベーションとはまったく違う。たぶん、ペニスをしゃぶられるのにちょっと似ている。

P.S.：この素敵なグッズが引き起こす振動は人為的なものなので、使いすぎると、クリトリスの感度が鈍くなることがある。だから、用心して使うこと！
　こうしたグッズは幅広い価格帯で販売されているけれど、性能にはほとんど差はない。

セックストイの素敵な仲間たち

Dans la famille des sex-toys qui déchirent...

　もうひとつ、紹介したいグッズがある。その振動は、一般的なバイブとはまったく違う。低くて重く、全身に伝わるけれども、クリトリスを無感覚にすることはない。私はコンセントにつなぐタイプを選んだ。パワーが強いし、背中のマッサージもできるから！（そもそも、それが本来の目的だけれど）

　気に入ったからといって、使いすぎないように注意して。これ以外の方法ではオーガズムを感じなくなるかもしれないから。（これはどんなセックストイについても言えること）

亀頭から亀頭へ

De gland à gland

もっとソフトに感じたいなら、あなた自身のペニスの亀頭で、パートナーのクリトリスの亀頭を刺激してもいい。**きっとびっくりする！**

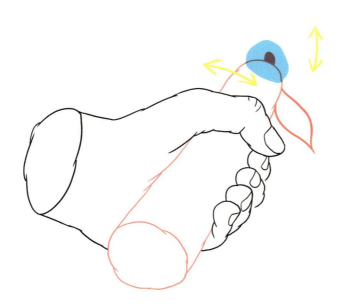

陰核茎部に触ってくれる？

Tu me titilles la tige ?

　陰核茎部（クリトリスの茎部）は、亀頭の上にある部位。その表面に指をあてると、皮膚の下にひも状のものがあるのを感じる。人によっては、ここを軽くこすると、すごく歓ぶ！　でも、嫌がる人もいる……。いつものように、コミュニケーションで解決しよう。

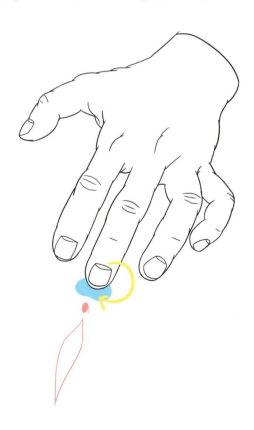

そおっと、そおっと、とにかく、そおっと……

Tout doux, tout doux, tout doucement...

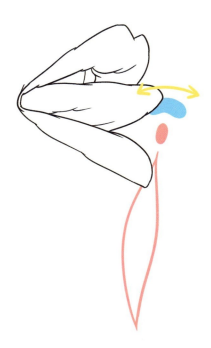

　舌を使うのがおすすめ。亀頭に触れないようにしながら、その周囲で細かく水平に舌を動かす。パートナーをじらすのにいい方法……。

バイブ + 陰核茎部 = LOVE

バイブを購入してがっかりする人がたくさんいる。それは、早くオーガズムを得たくて、いきなり亀頭に使うから。そんな使い方をしていると、亀頭の感度があっという間に低下して、何も感じなくなってしまうことがある。でも、心配しないで。あなたの買い物は無駄にはならない。陰核茎部がそれを証明してくれる！

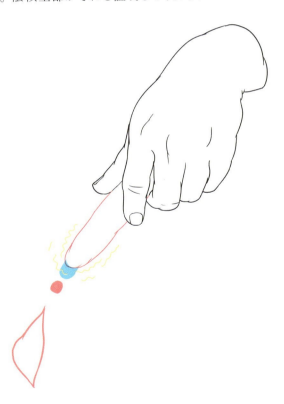

まったく、もうっ、なんてイイの！

Bon Dieu que c'est beau !

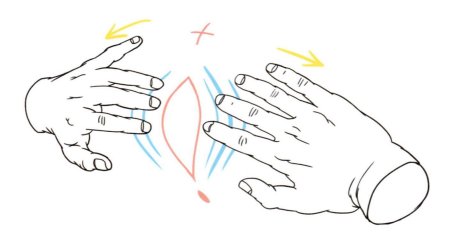

　見られていると感じたり、何かが起きるのを待ったりする時の気持ちといったら、本当にたまらない……。ゆっくり時間をかけて、欲望が高まるにまかせていると、パートナーの性器をもっと知りたいと思えてくる。大陰唇をそっと開き、小陰唇が分かれる様子を見つめ、かぐわしい匂いを嗅ぎ、さらにもう少し開いて、そして急いで……。

P.S.：イラストの"＋"は、肛門を示している。

ちょっとやさしく

Un peu de douceur

　これを嫌がる人はいない。手（どちらかと言えば、温かいほうがいい）をそっとパートナーのヴァルヴァの上に置く。これは「あなたの性器を大事にします。あなたに敬意を払うから、信頼して下さい」を意味するしぐさ。手はそのままにしておいて。動かさなくて構わない。でも、相手が退屈しているみたいなら、細かく震わせてあげること。

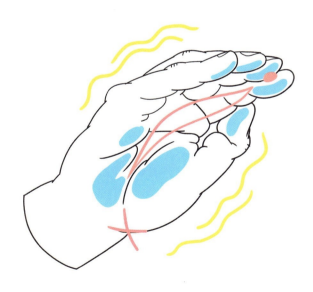

エロティックなマッサージ
Massage érotique

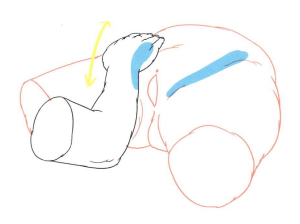

　性器に触らなくても、パートナーを興奮させることができる。このマッサージはとても簡単で、少しずつ欲望を高めてくれる。ただし、時間をかけることが条件。

　まず、パートナーの開かれた太ももの間にひざをつく。そして、両手を交差させ、交互に使って、大陰唇の上部（もしくは鼠径部）から下腹部までなでおろす。
　すると、あなたの手の動きにつれて、ごく自然にパートナーの性器が開かれていく。この時の興奮といったら、他では得られないと保証する……。

　さあ、あとは、「触って」とせがまれるのを待つだけ。どこを？　わかっているくせに。

海のクンニリングス

Le cunni de la mer

　暑い？　暑くない？　どちらでも大丈夫！　海のクンニリングスは、季節に関係なく素晴らしい体験だから！

　やり方はとても簡単。冷蔵庫から炭酸飲料の入ったボトルを出して、一口含んだら、口から糸のようにたらしながら、性器の上にこぼす。そしてすぐに、生ガキを食べるように、小陰唇を吸い上げる。小さな泡がはじけて、ヴァルヴァから溢れ出す。もう、たまらない！

さらさら

Le « flock-flock »

とても簡単な動きだけれども、パートナーを狂いそうなほど興奮させる。

セックスワーカーはこれを「さらさら」と呼ぶ。理由は簡単、耳を澄ますと文字を書く時みたいな音がするから。
一本または二本の指を、亀頭から腟口まで、ゆっくり行ったり来たりさせる。すぐに中には入れずに、指を動かしながら潤いをなすりつけていく。

これは最高。特に、ゆっくり時間をかけて、ついに腟に指を入れるその瞬間が……。

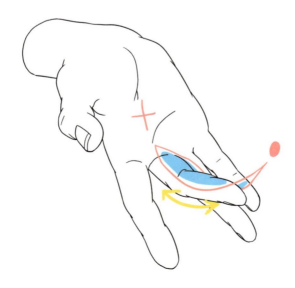

> **指を一度に濡らさないで**
>
> 指に潤滑ゼリーをつける前に、ちょっと触ってみてほしい。やっぱり自然の潤滑液が一番いいから。それに濡れすぎていると気持ちが悪いこともある。

舌を休ませて

Repose ta langue

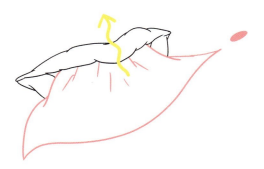

クンニリングスをしている時に大切なのは、動きに変化をつけて、刺激している部分を退屈させないこと。たとえば、相手を感じさせながらも、自分の舌とあごを休ませる方法がある。やり方はとても簡単。小陰唇を吸う、ほら、これだけ。

ただし、相手の表情をたしかめるのを忘れないで。あまり歓んでいないこともあるから。

トゥッティ フルッティ

Tutti frutti

　もしも、果物を使ってマスターベーションをしたことがないならば、とにかく試してほしい。きっと素晴らしい体験になる。一番のおすすめは、冷蔵庫から出したばかりの新鮮なモモ（有機栽培で旬のものがいい）。

　果肉を嚙みちぎり、それを使ってアソコをマッサージする。甘い香りがつくので、パートナーも喜んで舐めるはず。

ひとつだけ注意：性器が真菌症にかかっている場合はやらないこと。

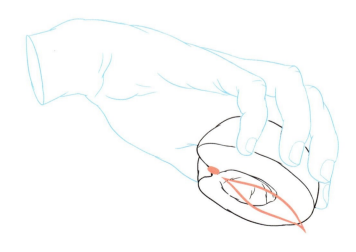

性器のマッサージ

Massage de sexe

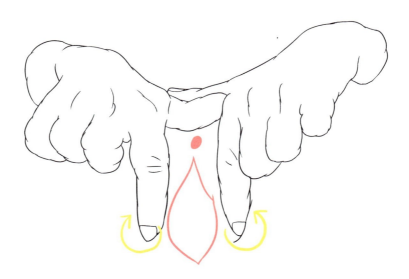

　パートナーの大陰唇に指をあて、軽く左右に押し分ける。すると、小陰唇も一緒に開いて膣口が見えてくる。そうしたら、指で小さな円を描きながらマッサージしよう。この動き、これこそが命だ。

ヘビ

Le serpent

パートナーの大陰唇を開き、舌をクネクネと這わせる。
ゆっくりと……。すると……ほら……。

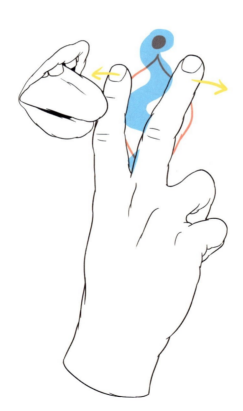

最高のバイブ、それはあなた！

Le meilleur vibro, c'est toi !

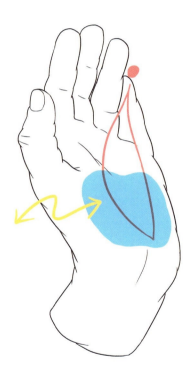

　手のひらの下半分を、パートナーのヴァルヴァにあてがい、ちょっと押しつけるようにして、あなたの中にあるバイブを作動させる。ぶーん！

欲求不満は、感じさせる

La frustration, c'est bon

挿入よりも感じさせるものがあるのを知っている？ それは、これから挿入するって思わせること。

何でもなさそうに、相手の腟前庭（尿道口と腟口のあるところ）の中を指で探る。十分湿ったところで、「さあ、これから入れるぞ！」といったふりをする。

でも入れない！ パートナーはいい加減じりじりしている。あなたがいつも同じことをするから。

おかしくて笑える。でも、欲求不満は、時として激しい欲望を引き起こす。だから、「入れて！」とせがまれるまでは挿入しないこと。サディスティックでちょっとずるいやり方だけど。

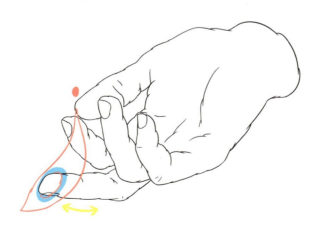

舌よ、こんにちは
Avé la langue

舌を突っこんで！

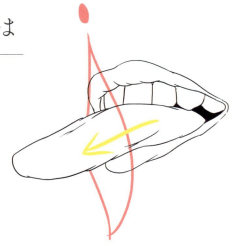

鼻よ、こんにちは
Avé le nez

鼻を突っこんで！
ペニスのかわりに！

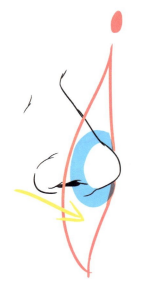

くるくる回す

Toumiati

　手首を軸にして回転運動をする。時計回りをしたら、次は逆回り。上がった時にひと押し、下がった時にまたひと押し。指一本で十分足りる。私の言うことを聞いてくれるなら。

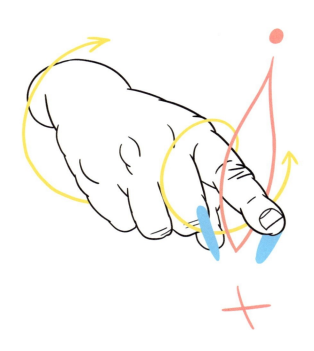

最後の花束

Bouquet final

ヴァルヴァが十分に開かれたなら、この形が便利。ただし、これは行為の最後にやるのがおすすめ。なぜなら、これをすると腟口が少し緩むから。

最初は、腟にそっと指を入れる。そして、内部に指がすっぽり入ったら、Vの字を作るように、指を軽く離す。乱暴にやってはダメ！　言ったでしょう、そっと、って！

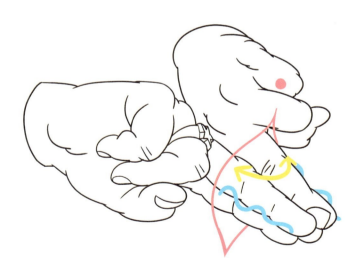

わたしのことを気にかけて

Compte avec moi

　これは面白い動きなので、ゆっくり時間をとって少しずつ習得してほしい。大切なのは、行為の最中にパートナーをよく観察して、コミュニケーションを取ること。セックスをしながら話すのは、とても刺激的なことだから。それに、送ったサインを感じ取ってくれるパートナーは、何にも代えがたい存在だ。

　まず、ごく普通に指を一本使ってやさしく愛撫しながら、パートナーを見つめ、その動きに注意する。十分濡れている？　歓んでいるみたい？　ちょっと腰を引いたのは、もっとやさしくしてほしいから？　溢れてきたのは感じている証拠？

　相手の準備ができていると感じたら、指をもう一本入れると伝えよう。そして尋ねてみて。すごく感じているか、歓んでいるか……。

　十分注意していれば、わかるはず。指を前後に動かすにつれて、パートナーの腟があなたを受け入れていく。
　聞いてみよう。「三本目の指を入れてもいい？」と。

　そしてそのあとは……4本、5本、6本、7本……。いいえ、それはウソ。せいぜい5本が限度。でも、好きなようにして。私はあなたの母親じゃないから。

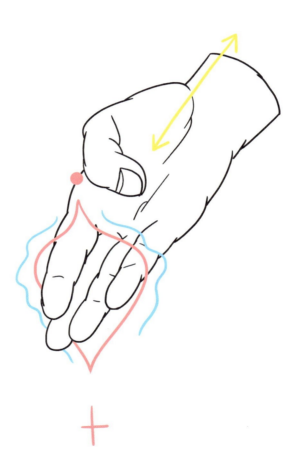

プロみたい

Pour les pros

　これこそまさにプロの技。パートナーをものすごーく歓ばせるはず。両手の人さし指と中指を背中合わせにして腟に入れ、こすり合わせる。ちょうどハエが脚をすり合わせるみたいに。これはパートナーの腟が少し広がった状態になってからやること。

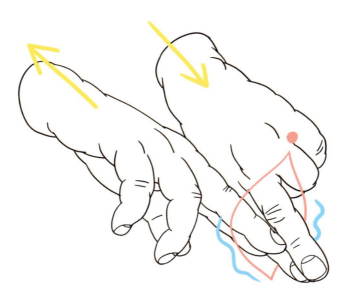

ポスト・オーガズムの挿入

La pénétration post-orgasme

ああ!!! ポスト・オーガズムの挿入……。具体的には、パートナーの陰核亀頭を刺激することでオーガズムを得させるか、パートナーが自分の陰核亀頭を刺激してオーガズムを得るのを待つ……。そしてイッた瞬間に、<u>一気</u>に入れる!（もちろん、許可を取ってから）

ヴァルヴァを持つ人がオーガズムに達すると、クリトリスもペニスと同様に全体が充血して膨張する。腟口付近にある前庭球も膨れ上がって感度を増すので、腟が締めつけられるように感じる。この世で得られる最高の感覚。もちろん、ディルドでもうまくできる。

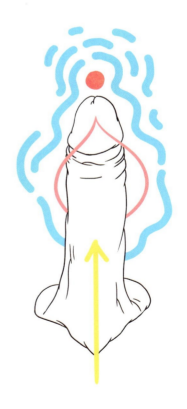

ふたつでひとつ

Deux en un

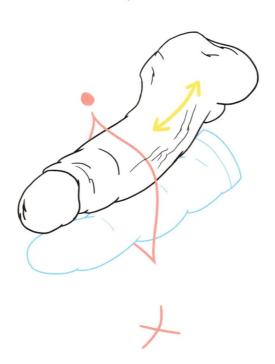

パートナーの腟にディルドを挿入し、続いて、あなたのペニスも入れる。つまり、二つとも腟の中に入る。

もちろん、行為を始めてすぐにはやらないこと。

注意！：初心者には絶対おすすめしない。これよりも先に開発すべきことがたくさんあるから。

> **終わったらおしっこをして！**
>
> 　排尿はいつだって大切。尿道の一部に付着した病原菌を流して、感染症を防いでくれるから。

もっともっと高く！

Aller plus hauauauaut !

　手のひらで、亀頭を軽くたたきながら、指を使う。

　ときどき、パートナーを持ち上げるような気持ちで、上のほうにひっぱってみて。

ちょっと一服

Pause clope

　たばこを吸う時のように、人さし指と中指をそろえて伸ばし、「さあ、おいで」とこちら側に曲げる。この時、親指で亀頭をそっと愛撫する。

　この動きが心地よいのは、同時に二か所が刺激されるから。きっとたまらないほどイイはず。だから、パートナーの表情をよくたしかめて。満足しているとわかるから。

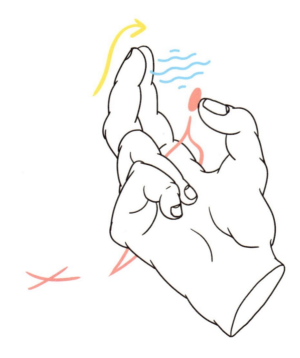

挿入されると感じる、でも……

　ヴァルヴァを持って生まれた人の大半が、挿入ではオーガズムに達しない。これはいつも言っていることだけど、十分に説明されることは決してないだろう。たしかに、クリトリスは腟口にまたがっているので、挿入はとてつもない快感を与えてくれる。でも、オーガズムを感じる場所と言えば、きっとクリトリスの亀頭がチャンピオンになる。

　挿入だけでオーガズムを得るのは、かなりレアなケース。だから、挿入でオーガズムを感じたことが一度もないならば、たぶん、あなたは正常だということ。それに、挿入の最中にマスターベーションをしたって構わない……かなり効果があるはず。そうでしょう？

こっちにおいで！

Viens ici !

指を鉤型に曲げて、「こっちにおいで」とやってみよう。

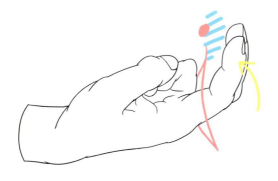

注意！：触ると感じる場所は限りなくあるし、Gスポットは魔法のスイッチというわけじゃない。だから、Gスポットだけにこだわるのは、毎日フォアグラを食べるようなもの。

水門を開けて！

Ouvrez les vannes !

　パートナーを"溢れさせる"テクニックを知りたい？　それじゃあ、ひとつ教えてあげる。効果は数名で実証済みだから。

　ただし、はっきり言って、これはちょっとした運動になる。だから、この素晴らしい体験のあとでは、前腕が動かなくなるかもしれない。でも、それだけの価値はある。

　まず、人さし指と中指を垂直に折り曲げ、指と手首を動かさずに、前腕だけを上下に動かす。そして指で性器の裏側、ちょうど恥丘の上に当たる部分を軽くたたく。この動きを支えるのが、もう片方の手の役目。リズムを保たなくてはいけないので、腕は丈夫なほうがいい。

　一方、パートナーは、"溢れる"ために、リラックスして、自分を"手放し"、それでいてものすごく興奮していなくてはいけない。尿意を催したなら、「潮吹き」の準備ができたというサイン。それがわかったら、いよいよ「潮吹き」の本番だ。人によっては骨盤底筋群（ペリネ）に力を入れるとうまくいく。

P.S.：ここに書いたことは、科学的に絶対正しいとは言えないし、すべての人がこうなるわけでもない。だから、うまくいかなくても、私を責めたり、ましてや訴えようなんてしないでほしい。

159 BON, ON BAISE ?

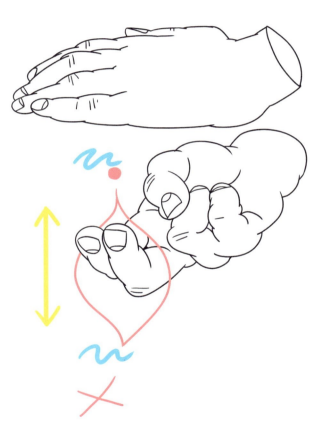

静かな「潮吹き」

Squirter en paix

誰にも手伝ってもらわずに「潮吹き」したい？　それなら教えてあげる！

手持ちのディルドを出して、膣にすっぽり入れる。ディルドが、膣の上方、膀胱付近を軽くたたくようにするのがコツ。

この時、人によっては、骨盤底筋群（ペリネ）に力を入れるとうまくいく。

一人だから、シーツを汚してしまっても構わない。水門を開けてしまおう！

誰でもこうなるわけではないので、うまくいかなくてもがっかりしないで。練習と"手放す"ことが必要だから。

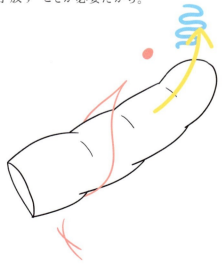

お祝いに
一杯やりましょう！

Ça s'arrose !

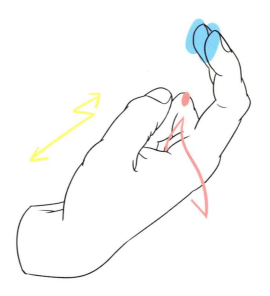

　この部分は、ざらざらゾーンよりもすべすべしていて、恥骨結合のもっと上にある。パートナーのこの部分を指で押しながら、もう片方の手を下腹部にあてがうと、内部で指が動くのを感じることができる。

　この感覚は、ざらざらゾーンを刺激された時に似ている。ここも尿管が流れこむ位置だけれど、指をあてている場所は膀胱により近い。だから尿意を催すのはごく自然なこと。それはおそらく「潮吹き」をしようとしている合図。

複雑に見えるけれど、
実はとてもカンタン

*Ça paraît compliqué,
mais en fait, c'est EA-SY*

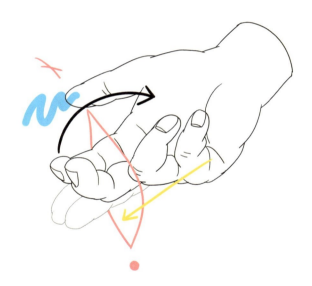

　パートナーは、下を向き、両手と両ひざをついている。まず、ごく普通にあなたの指を入れよう。次に、内部で鉤型に曲げ、パートナーを持ち上げるかのように前腕に力をこめる。そして「持ち上げ」ながら、上下に不規則に動かす。中断しては、また始める……。指先に感じるのは、しなやかで薄い膜。この膜が腟と直腸を隔てている。

　パートナーが、もっと強くしてほしいと思っているか、それともやさしくしたほうがいいのか、言葉でちゃんとたしかめよう。

この感覚は、普通の挿入で感じるものとはまったく違う。ペニスやディルドで同じ快感を得るのはたぶん無理。(90度に曲がるペニスやディルドなら別だけど)

連動した動き
Mouvement solidaire

二本の指を腟に入れ、もう一本の指を肛門に入れる。手は動かさず、前腕だけを動かす。わかった？

ほら、最高でしょう……。

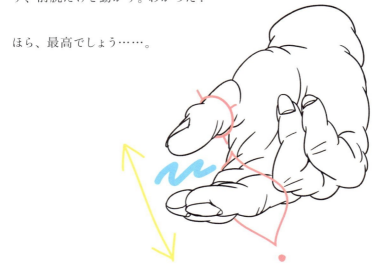

フック船長

Capitaine Crochet

　パートナーはあおむけの姿勢をとっている。あなたはまず、指を鉤型に曲げる。そして第二関節まで腟の中に入れ、腟と直腸を隔てる薄い膜の上を、揺らしながら上下になぞる。

　これはもう、めちゃくちゃよくて、何も考えられずに泣きそうになってしまうほど。

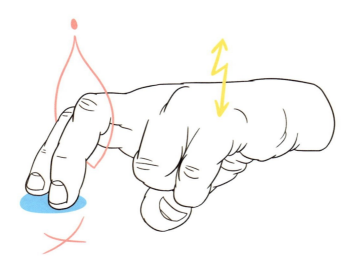

鍵をまわす

Tourne la clef

あなたの指を鍵だとしよう。あなたは柔らかくて湿ったドアを開けなくてはいけない。ただし、動かしていいのは手首だけ。膣の後面を刺激すると、「ああっ、気持ちいい……」、側面ならば「もっとやって……」

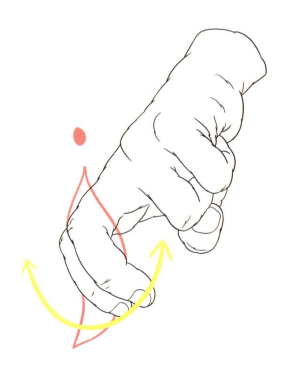

コントロールの技

L'art de la maîtrise

この動きにはちょっとしたコツがいる。でも、きっとできるはず。あおむけになったパートナーと向き合って。両手の甲を合わせ、指を鉤型に折り曲げ、腟前壁と腟後壁を交互に軽くたたく。この動きはまるで魔法……。

こっちにおいで

Viens par là, toi

　子宮頸部は、膣の奥にある。触れてみると柔らかなドーム状で、貫入はできない。ここから出ていけるのは、経血と赤ん坊だけ。

　ここは感じる場所なので、刺激してもいい。指を4本入れて、「こっちにおいで」と招いてみよう。

　この動きを痛がる人もいる。だから、やみくもに試さないで、相手の体の声をよく聞こう。

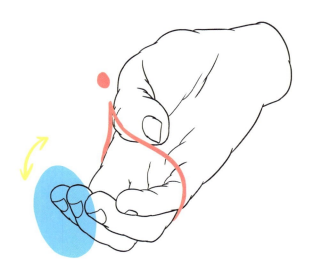

膣円蓋

Le cul-de-sac

　膣の一番奥にあるドーム型の場所を「膣円蓋」と呼ぶ。そこに指を入れ、軽く回転させよう。動きに変化をつけると、快感にもヴァリエーションが生まれる。

　この動きを痛がる人もいる。だから、注意深く、相手の体の声を聞こう。

小さな球

Bouboule

　ここでは、親指を膣の中に入れ、人さし指を肛門の入り口にあてる。人さし指を肛門の中に入れずに、二本の指を合わせ、「ほら、これをあげるからこっちにおいで」と猫を呼ぶのを想像して……にゃあん、にゃあーん！？？？

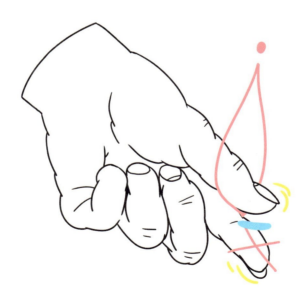

小さな球を無視しないで

On ne laisse pas bouboule
dans un coin

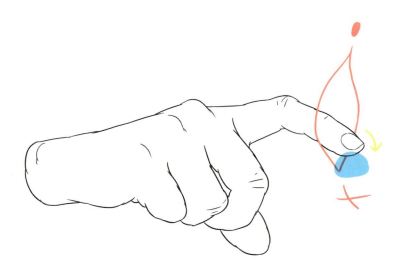

　では、軽くくすぐってみて。そこは本当に腟の入り口。指を入れて鉤型に曲げると、小さな膨らみに触れる。そこが肛門の裏側。ぷにゅぷにゅ。

膣前庭肛門

Anus vestibulis

　舌を肛門から膣前庭（尿道口と膣口のあるところ）へとさまよわせる。行ったり来たり……そしてかぐわしいキスで終わる。

ちょっとしたアドバイス： この動作をする時は、ラバーダムを使うこと。いくら清潔にしていても、肛門には、ヴァルヴァが我慢できない不浄なものがついているから。

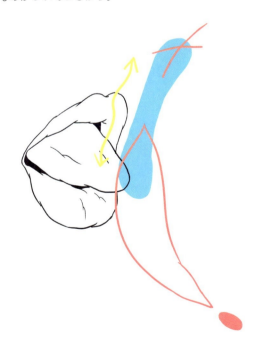

前と後ろ

L'avant et l'arrière

人さし指を肛門に、その他の指を腟に入れ、手を前後に動かす。とっても簡単！

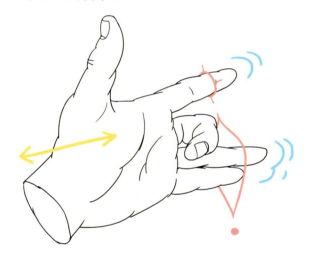

まったく、もう……
肛門性交のあとに、腟に挿入してはダメ！

厄介な真菌症にかかりたくないならばやめたほうがいい。リスクを減らすには、挿入される人は肛門を、挿入する人は性器かディルドを洗浄する。また、別の穴を使うならば、その前にコンドームを変えること。

奥の奥で

Au fond du fond

パートナーは両手と両ひざをついて、下を向いている。

その肛門に、あなたの指を深く入れる（十分濡らしてから）。あなたの指が、直腸と膣を隔てるごくごく薄い膜に触るまで。簡単だけれどもタフな動き。前腕がしびれるかもしれない。でも稀有なる感覚が得られることは、私が保証する……。

私の思い違いでなければ、誰でも肛門を持っている。だから肛門に関するこの他のアドバイスは、ユニセックスの章（226ページ以降を参照）でお話しすることにする。

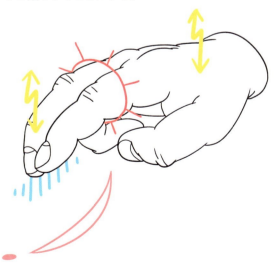

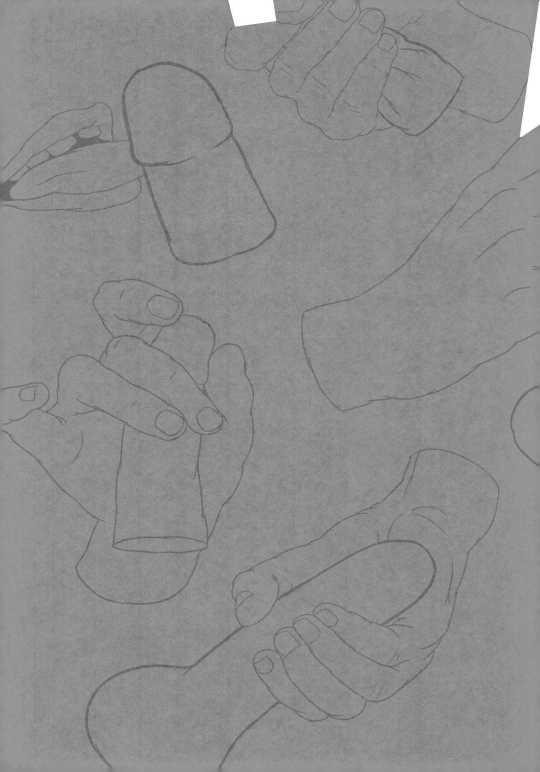

CHAPTER

2.

ペニスを持つ人の性感帯

Les zones de plaisir de Truc-muche

　　　　ニスは単に黒光りさせておくためのものではないの。もっとずっと複
　　　　雑で繊細だということを忘れないで。よく見ればわかるけれど、ペニ
　　　　スを持つ人の性感帯は、ヴァルヴァを持つ人の性感帯と（ほとんど）
まったく同じ！　ここにあげる十か所では、それぞれ異なった快感が得られる
はず。十か所より多かったり少なかったりする人もいるだろうけれど、それは
本人にしかわからない。感じない場所があったとしても心配しなくて大丈夫。
有難いことに、時を経て年齢を重ねれば、思考や感覚も変化する。だから過
去にダメだったことでも、ときどき試してみよう。信じられないかもしれないけ
れど……新たな楽しみを知らずに過ごすなんてもったいないから。

ペニスとその周辺の10の性感帯

Les 10 zones de plaisir du pénis et de ses environs

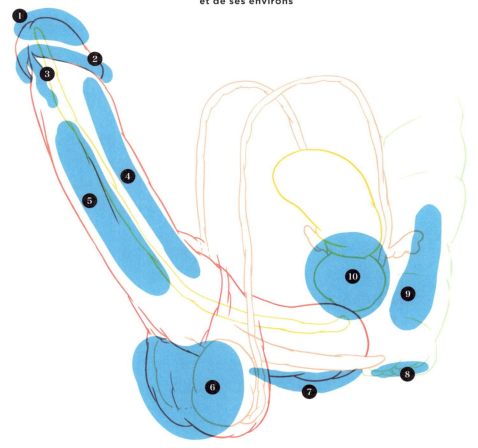

❶ 陰茎亀頭（外的刺激）

陰茎とはペニスのこと。紹介するまでもない。この誇り高きチャンピオンは、クリトリスの亀頭に相当する。好きなものは乗馬と現代芸術。そして、それ以上に、舌で愛撫されるのが好き。

❷ 陰茎亀頭冠（外的刺激）

ふっくらとして感じやすい小さな浮き輪。何かの穴の入り口にはまるのが好き。

❸ 包皮小帯（外的刺激）

傷つきやすくデリケート。強くひっぱられるのはあまり好きじゃない。

❹ 陰茎海綿体（外的刺激）

触れると、❺尿道海綿体よりも硬い。人によっては、感度は低い。

❺ 尿道海綿体（外的刺激）

潜在的に、ペニスの中で最も感じやすい部分。また、ストレス解消にも役立つ。

❻ 陰嚢（外的刺激）

かまってもらうのが大好き。そして、誰もが「陰嚢がひとつしかない人を知っている」と言うほどお馴染みの部位。

❼ 尿道球（外的刺激）

❻陰嚢と❽肛門の間に位置する。ここを押すと、血液が亀頭に押し流され、間接的な刺激を生み出す。この快感は、ヴァルヴァを持つ人が前庭球を圧迫された時に感じるものと似ているはずだ。けれども、それを確かめる術はない。私には尿道球がないから……。（尿道球はペニスを持つ人に、前庭球はヴァルヴァを持つ人に備わっている器官）

❽ 肛門（外的刺激）

たまにアンドゥイエット（豚の内臓の腸詰）の匂いがする。でも、肛門性交に不安がある人は、ここを触ることから始めよう。

❾ 直腸（内的刺激）

性感帯なの？　そうですとも！

❿ 前立腺（内的刺激）

❽肛門から指一本を入れて触ることができる。クルミ大の小さな膨らみを探そう。

前立腺とその周辺を刺激された時の快感はすさまじいほどで、ペニスで味わうものとはまったく違っている。聞いた話では、友人の一人——名前は言えないけれど——はここを刺激されたおかげでしばらく歩けなくなったとか。ジェレミー（あっ、言っちゃった！）は嘘をついていないと思う。

もっとも、前立腺が本当に性感帯かどうかは確かではない。一説では、前立腺は、内部から刺激を受けると、すべての血液を亀頭に送り込むのだという。

LA BITE EN PRATIQUE

男性器の使用法

"ドキドキさせて"

両手でペニスを愛撫する

Branlette à deux mains

　この愛撫が素晴らしいのは、愛撫する人にも愛撫される人にも大きな快感を与えてくれること。

　ペニスを持つ人が横たわって足を開き、パートナーはその間にひざをつく。パートナーは指を少し濡らしてから、イラストのように両手でペニスを包んで上下に動かす。その時、親指を包皮小帯にそっとあてがい、手が上に行った時に陰茎亀頭（ペニスの亀頭。このCHAPTERでは以下「亀頭」とする）の上にすべらせる。

　きっとお気に召すはず！

愛の歯

Les dents de l'amour

　実際には、歯を立ててはいけない。陰茎亀頭に軽く押しあてるだけ。そうっとやさしく……できるでしょう？

　注意して。亀頭がとてもデリケートな部分だということを忘れずに。

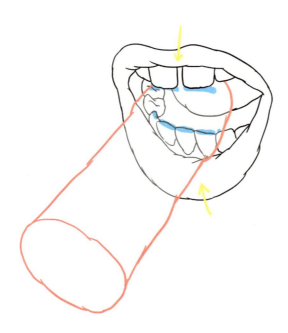

シフトレバー

Option levier de vitesse

　愛撫するのは気持ちがいい。でも、それがプロ並みだったら、もっといい。

　愛撫をする間、手のひら全体を亀頭にかぶせて、ときどき、弧を描くように動かす。そっとやさしく、まるでバーテンダーになって、ペニスの形をしたグラスを拭くように。そして十分潤ったなら、また愛撫に戻る……。

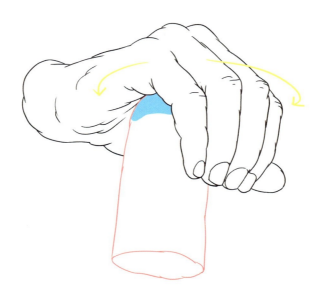

ポー・ブロップ・ウィーズ

PowBlopWiiiiez

　なるほど、フェラチオする時に音をたててほしいと、パートナーが言うわけね？　そこで、どんな音が出せるかと、あなたのためにやってみた。ばかばかしいこともいろいろ試した。ブーブークッションで愛撫したり、ペニスをマイクに見立てたり……。でも、全部ダメだった。

　そこで思い出したのは、私がアイスキャンディーをしゃぶる時に、すごく変わったやり方をすること。それをいまから説明するけれど、バカにしないで。いい？

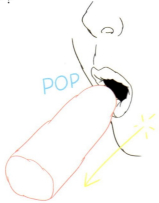

　まず、ペニスをごく普通に口に突っこむ。そう、バナナを食べる時みたいに（ごくノーマルに）。そして、口から出す時に、少し持ち上げながら吸いこむと、「ポップ！」と音が出る。
　音がするだけじゃない。吸い上げる感触が新鮮で好ましいから、きっと気に入ってもらえる。

糸

　パートナーを歓ばせるのに、ディープ・スロート（ペニスをのどの奥まで入れる行為。詳しくは196ページを参照）をする必要はない。ちょっと唾液で遊ぶだけで十分なこともある。つばを吐き、その流れを目で追う……。パートナーを見つめながら口を少し離すと、よだれが一筋の糸になってついてくる……。

　この妄想に身を任せる前の忠告：直前に、ビスケットやボール紙や砂を食べないで。ねばねばさせるのに一番いいのは、炭酸ソーダを飲むこと！　また、熱い飲み物は唾液の分泌を活発にしてくれる。

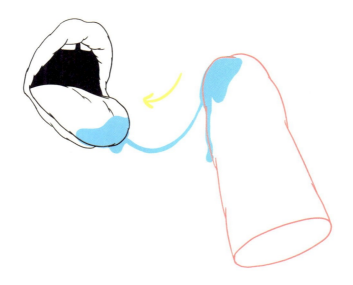

あごが痛い？

Mal à la mâchoire ?

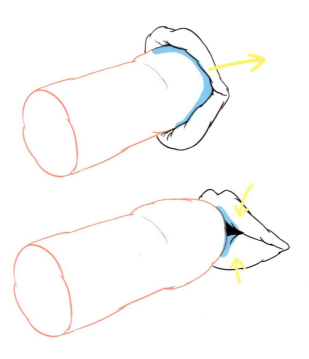

　ペニスの先をくわえたら、ふっと息を吐くようにして口から押し出す。この単純で穏やかな行為で、自分もリラックスしながら、相手をいつでも歓ばせることができる。フェラチオの前でも、あとでも、最中でも、そして、もうしないと決めていても。

亀頭のマッサージ

Massage de gland

　頭皮のマッサージが嫌いな人なんている？　そして亀頭は頭に似ていると、誰でも思うでしょう？

　そう……この原則から言えば、亀頭のマッサージが嫌いな人はいないはず。マッサージ師になったつもりで手を動かそう。行ったり来たり、上から下へ。ほっとすること間違いなし。

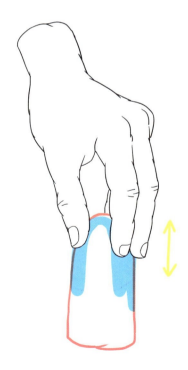

やさしく上下して

Va-et-vient tout doux

　ペニスだって、やさしくされるのが好き。だから、指で亀頭をそっと包みこむ。まるで一輪のバラを手に取り、その花弁に触れるみたいに。そして、さあ、やさしく上下に動かそう。同時に手のひらでも触ること。

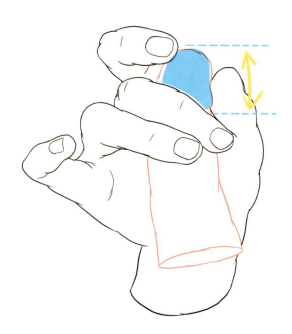

音響効果

Profession Cruiteur.se

　これはディープ・スロートを使う方法で、とても感じるけれども、誰にでもできるわけじゃない。まず、ディープ・スロートができなくてはいけない。そして、それができたならば、次に、音を出してみる。どんな音でも構わない。大切なのは、のどの奥を震わせること。その振動がペニスに伝わって、快感を引き起こす。さあ、頑張って。

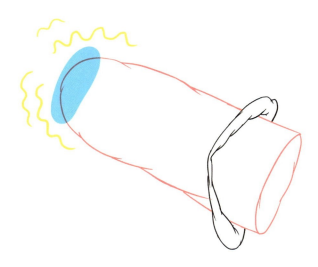

速さを変える

Changement de vitesse

　手のひらで包皮をさすりながら、その手を亀頭に沿っての ぼらせ、全体を包みこむ。マニュアル車のシフトレバーを握 る時みたいに。ところで個人的に、私はオートマティック車 のほうが好き。だって快適だし、特にラッシュ時なんて、走 り出したかと思うと止まらなくちゃいけないし、ちょっと進ん で、また止まって……。いけない、話がそれてしまった。
　イラストを参考にしてやってみて。

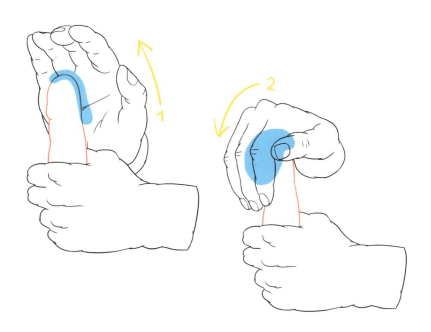

やさしい亀頭冠
Gentil bourrelet

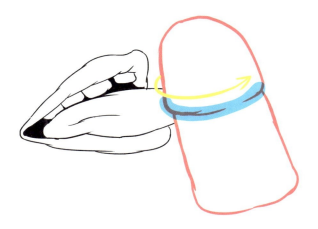

　あごを緩めないままで、休ませる方法がある。献身というものを軽くみてはダメ。わかっている？　イラストを描くのは簡単だけれど、説明するのは難しそう。

亀頭冠めがけて

Sus au bourrelet

　よいフェラチオとは、やさしくもなれるフェラチオ。パートナーのペニスを血が出るまで磨いたって何の役にも立たない。そうでしょう？　だから、おすすめは、亀頭から亀頭冠までを好きなリズムで、そして、一番イイと思う強さで愛撫すること。亀頭冠はかまってもらうのが大好き。それだけはたしかだから。

角度の問題

Question d'angle

　最高のフェラチオをしてもらうには、ペニスを下にひっぱって、下腹部に対して90°の角度をつくること。こうすると感度も強まるし、パートナーと見つめ合うこともできる。

　手を使わずにこれができたなら、それはもう、一気にプロレベル。要するに、とても人気のあるやり方だ。

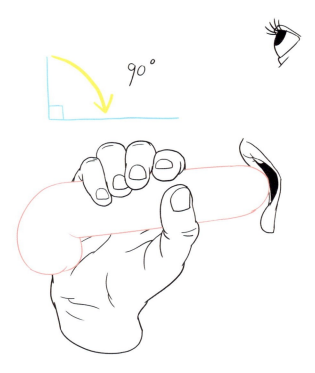

上手なフェラチオの秘訣

魔法のレシピはないし、ましてや、こうしなくてはいけないなんて決まりはない。それでも、ペニスと仲良くするためにはいくつか秘訣がある。

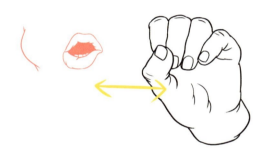

①
欲望を高まるがままにさせておく。たとえパートナーが勃起していても、あなたの素晴らしいフェラチオを受け入れるにはまだ早い。だから、性器をもてあそび、性感帯を見つけ、パートナーの目を見ながら性器に触るふりをして楽しもう。触れそうで触れない時、相手の目に失望の色が浮かぶのがおかしい。

②
潤滑液はたっぷりあったほうがいい。ペニスにつばを吐きかけて、流れるがままにさせる。そして、ペニスを口から離し、よだれの糸でつながっているのを見て楽しもう。

③

歯を立てないように注意して。それから包皮（もしもあるなら）を強くひっぱりすぎてもいけない。一番いいのは、関係が始まった時から、リードしてくれるように頼んでおくこと。なぜなら、割礼を受けた男性か、包皮が感じやすいのか、ペニスが感じないのか、区別できないから。

④

創造力を持つこと。舐めたりしゃぶったりするやり方はいくらでもある。まずは、動きのリズムにちょっと変化をつけてみる。舐めて、息を止め、吸いこみ、つばを吐き、軽く噛み、尿道球をもみ、肛門に指を入れ、ペニスを握り、少しずつ力をこめながら亀頭から亀頭冠まで上下させ、あるいは、力を抜いて愛撫し、睾丸をもてあそび、あごを緩めて包皮を舐め、尿道球を舐め、肛門を舐め、亀頭や睾丸を吸う……。

⑤

感じていることをパートナーにはっきり見せること。いいと思ったなら、相手の性器でも匂いでも趣味でも、言葉に出してほめよう。遠慮せずにうめいてみて。「こんなにおいしいアイスを食べたのは生まれて初めて！」と言う時みたいに。

⑥

とにかくコミュニケーションを取る！　相手に何が好きかを尋ねないならば、私のアドバイスはまったく役に立たない。

ディープ・スロートのやり方

Gorge profonde, mode d'emploi

ここではとてもまじめにディープ・スロートについてお話ししたい。

　まず、ディープ・スロートとは、最大級の敬意を払って行われるべき行為。「支配」だとしても、強制してはいけないし、がむしゃらに汚らしく行うものでもない。それに、支配関係を逆向きに捉える人もいる。つまり、しゃぶる側が手綱を握るということ！　そうでしょう、皆さん？

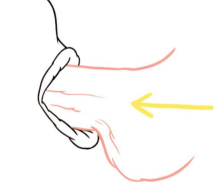

　どんな場合でも、しゃぶっている人が「ストップ」の意思表示をするためのしぐさを決めておかなくてはいけない。

　それから、非常用のタオルを用意しておくこと。理由はこのページの最後にわかるから……。

　ひざをついてやってもいいけれど、のどに近づくのが難しいのでつらくなる。

　ぜひおすすめしたいのは次の方法：パートナーに、あおむけになって頭がベッドからはみ出すように横たわってもらう。パートナーの首か

ら口までが一直線になっていることを確認する。この姿勢が、挿入には最適だから。ペニスがパートナーののどの奥まで入ると、亀頭の周りが締めつけられるように感じる。そうなったらすぐに出さなくてはいけない。パートナーは息ができなくなっているからだ。

あっ！　抜き出したペニスの上に、パートナーが嘔吐しそう。これはコインの裏表……。さあ、タオルを出して!!

包皮小帯にフォーカス
Focus frein

包皮小帯はデリケートなので注意深く扱わないといけないところ。そして同時に、大切な性感帯でもある。もちろん感度には個人差があるけれど、この部分を舌でそっと押されるのは、いつだってたまらなく気持ちがいい。

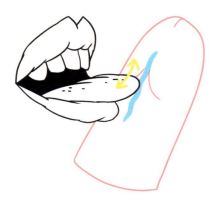

ビッフローリングス

Biflolingus

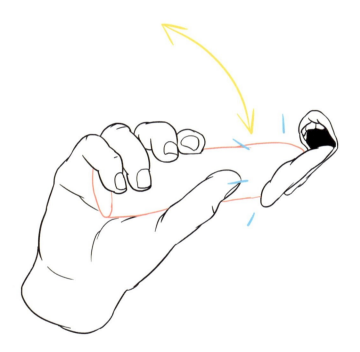

　デリカシーなんてどうでもいい！　何をしたっていい。パートナーの亀頭であなたの舌をたたいてみよう。包皮がすごく揺れるはず。

陰茎包皮に注意！

　ペニスは傷つきやすいので、愛撫されるのもストレスになることがある。包皮を強くひっぱられるのが怖いから。実際、よくあることだけど……。とにかく、最初はやさしくするのがいい。そして、コミュニケーションを取りながら動きを調整していこう。皮膚全体を下のほうにひっぱりすぎないように注意して。相手がもっと強く、と望むならば別だけど。
　そしてすべりが悪いなら、ちょっとつばをつけるとうまくいく。

そっと、注意深く

もう少しテンポを落としてみたら？
大切なのはデリカシー。

端から端まで

Tout du long

　このアドバイスは、割礼を受けたペニスには使えない。いいえ、正確に言うならば、前半部分は使えない。まず、片手をよくすべらせてから、パートナーのペニスの包皮をそっと巻き下ろす。亀頭がむき出しになったら、手はそのままペニスの根元、陰嚢のすぐ上に置いておく。

　もう片方の手（こちらもすべりをよくして）を、ペニスの亀頭から根元まで上下させる。速度を変えたり、回転させたり、時々、つばをたらしたり……。
　こうして皮膚を上げたり下げたりすることで、愛撫にも変化がつけられる。それにとっても気持ちがいいらしい。

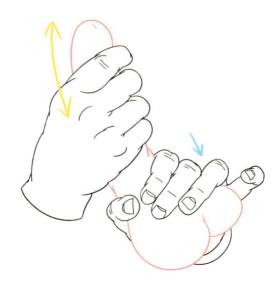

ちょっとお行儀よく

Un peu de tenue

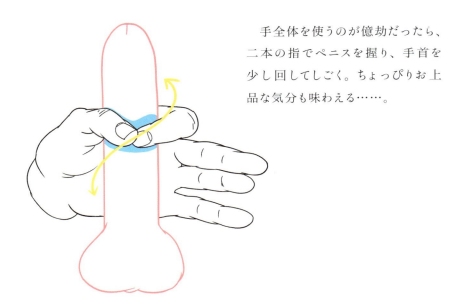

手全体を使うのが億劫だったら、二本の指でペニスを握り、手首を少し回してしごく。ちょっぴりお上品な気分も味わえる……。

大丈夫、勃起しなくても、あなたのせいじゃない

誰にでもあることだから、気にしなくて大丈夫。また勃起が起きるまで(起きなくても)、パートナーを愛撫していればいい。"与えることの歓び"って、よく言うでしょう。

そして何度も言うけれど、挿入がなくても、質の高い性的関係を持つことはできる。それを忘れないで。

そして連携の問題は？

Et question coordination,
ça donne quoi ?

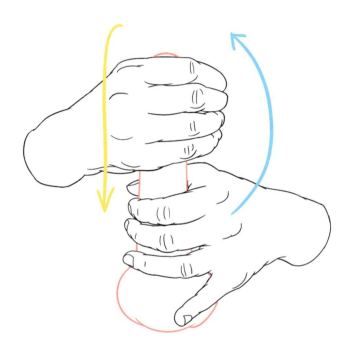

　このマッサージをする時は、手をよくすべらせておくこと。そして、両手を交互に使う。右手を下にすべらせたら、直接左手につなげて、その次はまた……。要するにコンドームをつけるイメージ。

さあ、回そう!

Ça tourne, moteur!

　ごく普通のマスターベーション。ただし、軽くねじりを加えた動きが面白い。トゥルニコティ・トゥルニコトン！（フランスで人気の子ども番組で用いられる決まり文句。「回る」という意味）

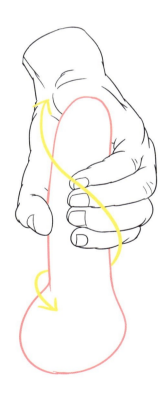

ストレス解消

Anti-stress

　パートナーがストレスのもとになっている？　もしもそうなら、ペニスをストレス解消に使ってしまおう。そう、ペニスを握るだけでいい。ぎゅっと強く、あるいはそっとやさしく、その時の気分次第で……。この感触がとても気持ちいい。それにもしかしたら、もう一度勃起してくれるかもしれない。

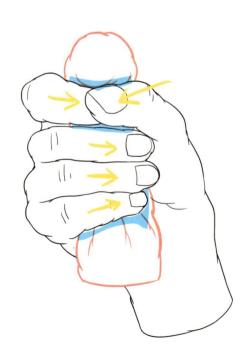

足コキ

Footjob

扁平足の人を輝かせる時間！

　冷たすぎなくて清潔な足で、その名にふさわしい「足コキ」を始めよう。パートナーの前に座って、脚を折り曲げ、足の裏を向き合わせてペニスをマッサージする。あなたの足がぐらぐらしないように、パートナーが押さえてくれるとやりやすい。

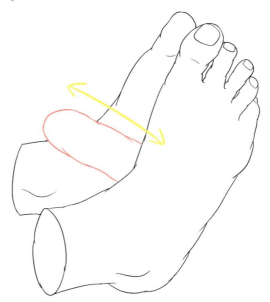

プロの性器愛撫

Branlette de pro

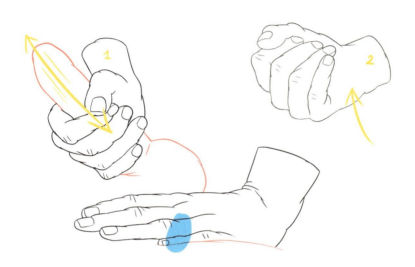

　これはもうプロの域！　これをする時は必ず、やさしい愛撫と休止を交互に行うこと。パートナーの性器をひきちぎってしまっては困るから。

　パートナーがあおむけに横たわり、あなたはその片方の太ももに馬乗りになる。片手を鼠径部の上に平らに置き、親指で尿道球を押す。
　もう一方の手で、ごく普通に──つまりやさしく──愛撫する。でも、すぐに強い動きに変えなくてはいけない。準備はできている？
　まず、(イラスト1を参照) 片手で性器を強く握り、好きなように愛撫してパートナーを歓ばせる。4秒か5秒間、そのまま続けて。たぶんパートナーは気も狂わんばかりになるから。そして相手が"イキそ

う"だと感じたところで、ペニスから手を離し（イラスト2を参照）、ひと息つかせる。まだぴくぴく動いていたら、収まるまで待つ。それからまた、やさしく愛撫して……。もう一回？　ゴー！

スペイン風の愛撫
Branlette espagnole

　もしもあなたに乳房があって、しかも、ある程度の大きさがあるならば、ぜひおすすめしたいのが「スペイン風の愛撫」。これにはブラジャーを使うと便利だ。両手が自由になって、カードゲームをしたり、潤滑剤を注いだりできるから。

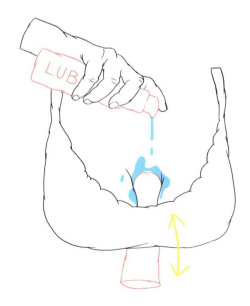

アリボフィ*・スタイル

Alibofis style*

　睾丸は、人によっては、とても感じる場所。
　だから、二つのタマを同時に飲み込んで、両方を吸うか、あるいは、ひとつずつ吸おう。
　静かな愛撫を楽しむこともできる。

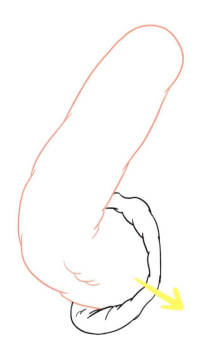

＊「アリボフィ」とは、マルセイユ地方の方言で「睾丸」の意味

苦しい？ 苦しくない？

睾丸二つを口に含むなら、前もってサインを決めておこう。そう、陰嚢をひきちぎらないために。パートナーのペニスの根元に唇をあてたまま、頭を小刻みに動かしたなら、それが「ノー」のサイン。これに限らず、この行為の最中は相手の反応をよく観察すること。苦しそうだったらすぐに気づかなくてはいけないから。

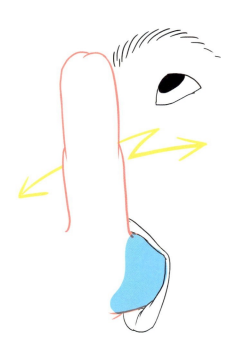

手のひらいっぱいに

Les mains pleines

もしもパートナーが望むなら、睾丸を手のひらいっぱいに握りしめ、少しずつ力をこめていく。その間、パートナーはマスターベーションしてもいいし、しなくてもいい。ただし、爪を立てないように注意して。

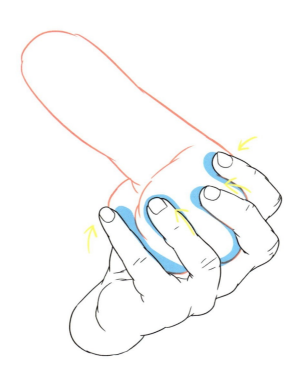

大好きよ

Je t'aime, ma couille

　睾丸を舐めさせて。もうっ、なんていいの！　思いっきり濡らして、顔をすりよせて、つばを吐きかけて……。そして、また始めから。

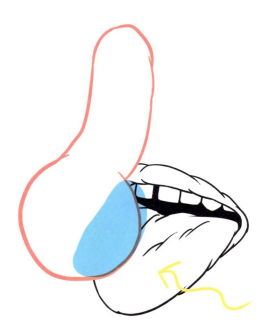

いつだって感じる

Ça fait toujours plaisir

　フェラチオをしながら、睾丸のマッサージもしてみよう。とても感じる場所だし、十本の指を持て余している時にはちょうどいい。

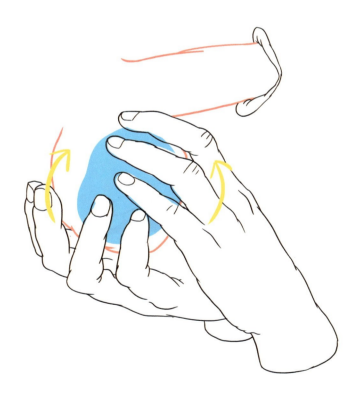

尿道球を放っておかないで

On ne laisse pas le bulbe dans un coin

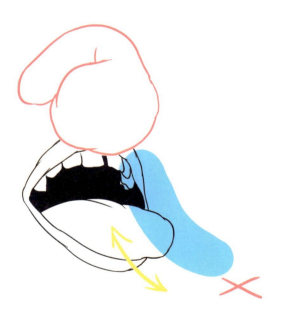

　この名前を知らない人がとっても多い。そう、尿道球はないがしろにされている。本当はもっと大切にされてもいいところ。ペニスの続きで、人によってはとても感じやすい部位だから。
　ここに敬意を表したいならば、舐めること。肛門から陰嚢まで、舌にこめる力を変えながら何度も往復すると、とても歓んでもらえる。

完璧なマッサージ

massage complet

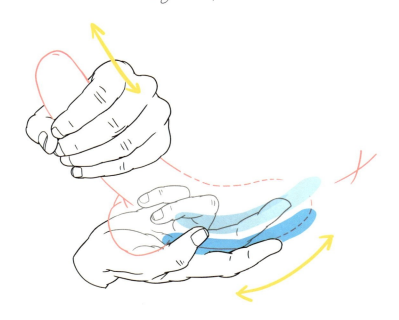

　このマッサージは、運動神経がよくない人には難しいかもしれない。でも、試してみて。やってみなければわからないから！

　まず、片手でペニスを普通に愛撫する。もう片方の手は、人さし指と中指をイラストのように開く。そして尿道球の側面をマッサージしながら前後に動かし、陰嚢の根元までのぼらせる。

　このマッサージは、ソフトにやっても十分感じる。でも、効果を思い切り味わいたいなら、かなり強くてもいい。

尿道球にげんこつ

Poing au bulbe

　げんこつを尿道球に押し当てたまま上下させると、しっかりマッサージできる。
ほら、イラストみたいに。

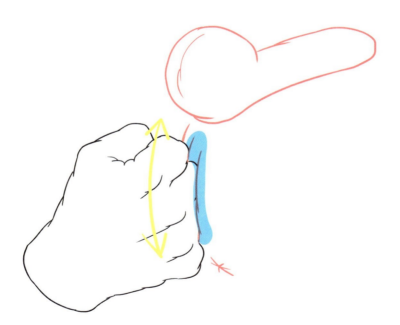

ひざで楽しみましょう

Genou y vois déjà

　片手でペニスを愛撫しながら、ひざを尿道球に強く押しつける。軽い動きを添えるのもいい。でも、注意して。睾丸が近くにあるので、そうっとやること。

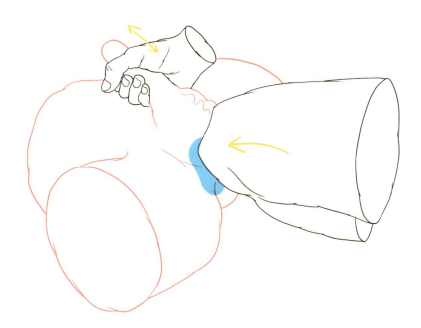

ノーコメント

No comment

睾丸をそっと手のひらに乗せ、中指で軽くたたく。イラストを見るだけでわかるはず。そうでしょう?

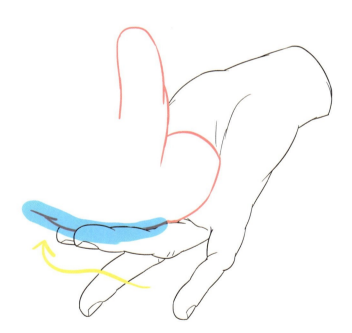

肛門を指で震わせる

Vibrodoigte-cui l'anus

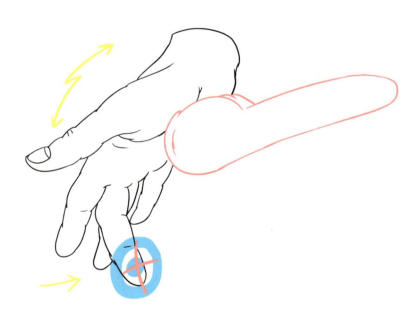

ペニスを持つ人ならば、きっと気に入ってくれる。

　動きは簡単だけれども、効果は抜群。好きな場所に指をあて、強く押しながら、前腕を震わせる。そして、もしも十分潤っているなら、どうして中に入れないの？　やってみる価値はある。

お尻を舐めると

Pour les lèche-culs

舐めてもらうと、すごく感じる。舐めるほうの人だって！

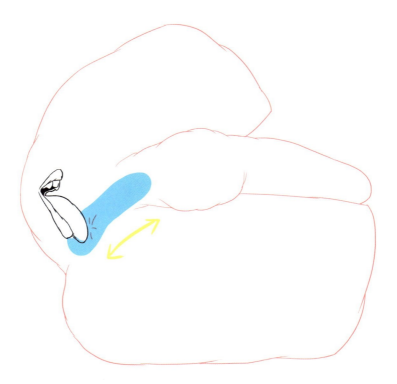

ブンブンブーン…

バイブの振動は、アナルスプレーよりも肛門を緩めてくれる。

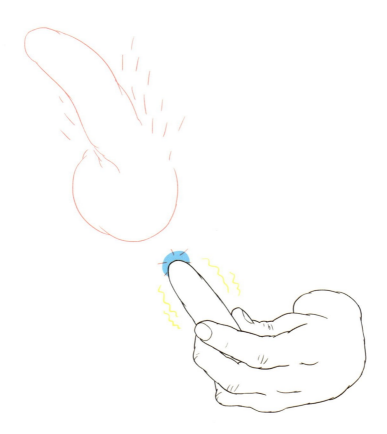

Les hommes
hétérosexuels
aiment aussi
la sodomie.
Mais ils ne
le savent pas
encore.

ヘテロの人も、肛門性交が好き。
でも、そのことをまだ知らない。

時代は変わり、人も変わった

シスジェンダーでヘテロセクシュアルの多くの男性が、「お尻の探求をしたい」と書いてくる。シスジェンダーでヘテロセクシュアルの女性にとっては、やはり高い壁のはず。ところがなんと、多くの女性たちが、これをパートナーに提案したいと考えている。だったら、何をぐずぐずしているの？

指一本だけ、どうぞ
Juste un doigt, s'il vous plaît

　パートナーのお尻に指を入れたからと言って、便のにおいがつくとは限らない。それよりも、パートナーをものすごく感じさせてあげられるかもしれない。つまり、オーガズムを与えられる可能性があるということ。ええ、そうですとも。

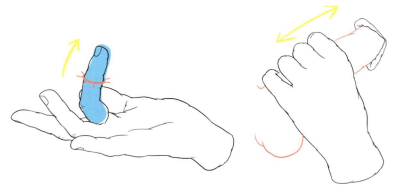

前立腺に触ってみよう

ここはまじめになって、前立腺の話をしよう！

　まず、知ってほしいのは、これは性的指向に関係なく実践できる行為だということ。人気が出ているのは、前立腺は強烈な快感の源であって、刺激すると「普通」よりもずっとずっと強いオーガズムを得られるから。ひとつアドバイスしておくと、これを行う時は、性器には触らず、この快感だけに集中したほうがいい。一人でももちろんできるけれども、二人のほうがやりやすい。それでは、用意はいい？

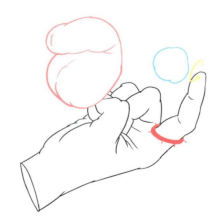

　リラックスして、まず、挿入を楽にするために、少しの潤滑剤で肛門をマッサージする。
　肛門が緩んできて、受け入れてくれそうだと感じたら、イラストと同じ角度でゆっくり指を入れる。(この時、指は骨盤前方に向けること)

前立腺はすぐそこにある。押したりマッサージしたりせず、最初は、軽く触れるだけにしよう。指のひらで試してみて。押すよりも、そっと触るほうが気持ちいい。くすぐられるみたいで、ぞくっとする。これが感じられたら、第一段階は終了。このあと、どう進むかはあなた次第。

P.S.：一回目は、期待外れに終わることがある。お尻をうまく扱えるようになるには、時間がかかるから。

前立腺バイブ
Vibro de prostate

　新しい感覚を求めるならば、バイブにもっとお金をかけるべき。

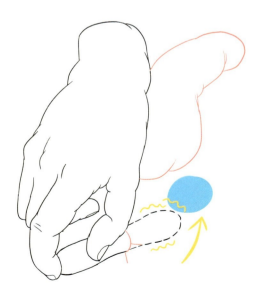

前立腺マッサージ器

Bijou d'anus

このイラストで喜んでいるのは、前立腺マッサージ器に出会えた時のあなたの前立腺。この素晴らしい道具は、ペニスで味わうよりもずっと強いオーガズムを与えてくれる。骨盤底筋群（ペリネ）を緊張させて内部から動かせば、一人でも使用できる。性交の前でも最中でもあとでも装着できる。いいえ、仕事中だってつけられる。お尻の中がどうなってるかなんてわかりっこないから。

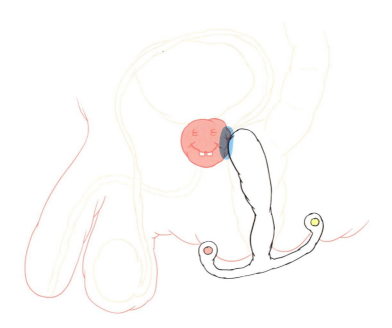

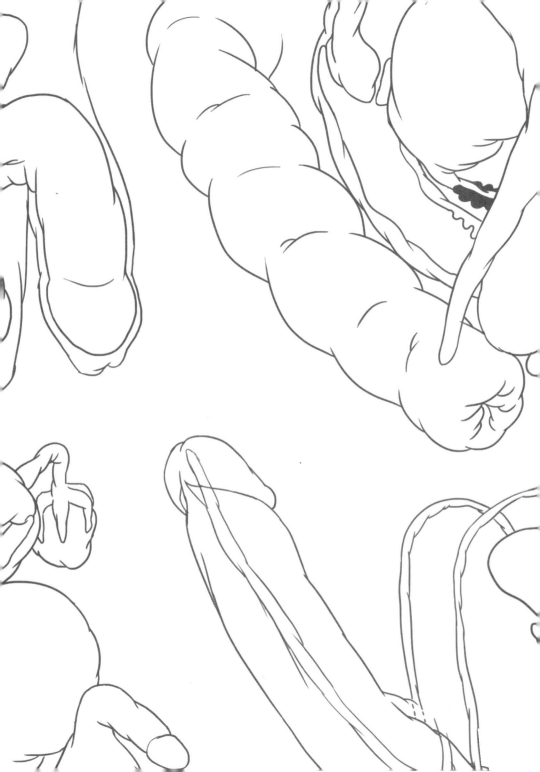

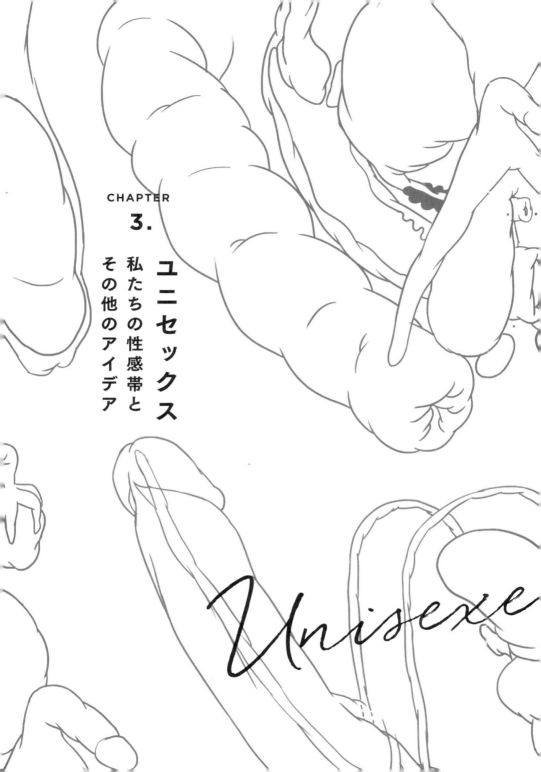

CHAPTER
3.
ユニセックス
私たちの性感帯と
その他のアイデア

Unisexe

性感帯の話をするのをすっかり忘れていた。ペニスやヴァルヴァのいじり方について、自慢のテクニックを披露するのに夢中になっていたものだから……。性感帯は、性器と同じくらい重要なところ。だから、時間をかけてお話ししたい。

あぁ……首！

Ah que... coucou !

首と肩には特別に思い入れがある。でも、ここで私の人生を語るつもりはないから安心して。まず、パートナーで試してみよう。イラストに描いた場所を噛むと、全身がびくっと震える。最初はやさしく噛んでみて。かすかなおののきが伝わってくるから、少しずつ力を込めていく。すると、震えが全身に広がって……。ああっ！　イイ！　めちゃくちゃ、感じる！

軽く触れること

Effleurements

　乳房の側面は特に感じやすい部分。だから、わしづかみにして揉みしだく前に、そっと触って震わせよう。手を使ってもいいし、羽根や葉っぱやピンセットでも……。要するに、手に入るものなら何でもいい。もちろん、紙やすりはダメだけれど。あんまりよくって、鳥肌が立つくらい！

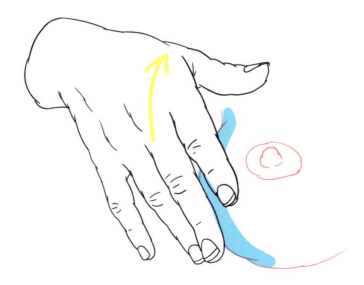

ジュイサンス（快楽）とオーガズム

「ジュイサンス」と「オーガズム」はどう違うのかとよく聞かれる。インターネットを使えば答えは簡単に見つかるだろうけど、ここでは、私の定義をお伝えしたい。

ジュイサンスとは、その場の状況から感じる歓びであって、性的なものとは限らない。快適な住まいでも恋人の存在でも愛でも……。だから、「感じた？」と聞かれて、こう答えることも多いはず。「うん、感じた。でも、オーガズムにはいかなかった」と。

一方、オーガズムは、性行為が極めてうまく行われた場合の結果。何かがはじけたような衝撃で、歓びが最高潮に達したことがわかる。いわば究極のジュイサンス。

注意：双方の性がそろってオーガズムに到達するとは限らない。でも、快楽が得られたならば、そのセックスは価値のあるものになる。問題なのは、快楽を得られないセックス……。

テトンリングス

Tétonlingus

　ペニスを持つ人にとっても、乳房は非常に感じやすい場所。でも、その感じ方は本当に人さまざま。ここを刺激されるだけでオーガズムに達した人がいるとの噂もあるほどだ。

　ペニスを持つ人は、乳房の代わりに二つのクリトリスがあると思えばいい。だから、クンニリングスをしてあげよう。そっと舌先で……。それから、もっと強く、もっと速く、そして変化をつけて、少しやさしく……。噛みながらでもうまくいく。**そう、これはテトンリングス！**（フランス語で「乳房」を「テトン」という）

ケアクリーム

　"カレンデュラ"（エイプリルスキン社の商品）は、愛の行為で疲れた性器を回復させてくれる。これは、ドラッグストアで手に入るオーガニックなクリーム。挿入を伴う激しいセックスのあとで、膣口やペニスに塗るといい。授乳で裂けてしまった乳首にもよく効く。

花火ならぬ"穴火"

Feu d'orifices

　エイリアンに身を任せる前に（それがあなたの妄想でしょう?）、パートナーに、すべての穴を使ってくれるように頼もう。これを「服従」とみなす人もいるけれど、はめこんで合体するだけじゃないかと考える人もいる。

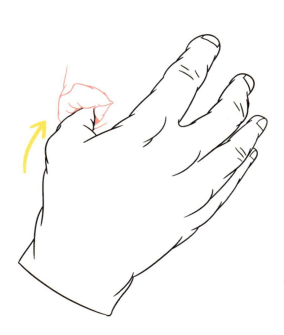

ポン、ポン

Poc poc

挿入の最中か家事をしている間、肛門を軽くたたいてもらう。これはいつだって気持ちがいい。ポン、ポン。

バンドのないペニスバンド

*Le gode
ceinture sans ceinture*

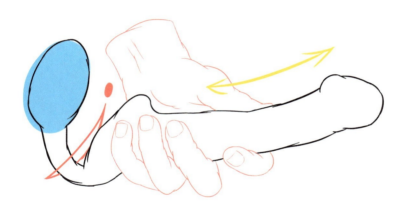

　そう、これはバンドのないペニスバンド。これを着けるには、膣があったほうがいいけれど、誰が相手でも突っこむことはできる。とにかく穴さえあるならば……。

　肛門を使うのに慣れていないなら、小さいサイズから始めたほうがいい。これはレズビアンのカップルにもおすすめ。肌と肌を合わせているように感じられるから。

浣腸用ゴム球の取り扱い説明書

Poire à lavement, mode d'emploi

ププッピドゥ！ ときどき浣腸用ゴム球を使ってみるのも悪くない。特にこれから肛門性交をするつもりなら。
浣腸用ゴム球の使用法は以下のとおり：

ドラッグストアで購入する。この時、カウンター越しに薬剤師と見つめ合うという独特な瞬間を体験する。（日本では「第2類医薬品」なので薬剤師不在でも購入可能）
↓
予測所要時間は15分から2,3時間まで。各自の消化管通過時間によって異なる。
↓
まず、洗面所のシンク（清潔にしてから）をぬるま湯で満たす。
↓
ゴム球を底まで完全に沈めて、ぬるま湯を一杯に入れる。
↓
ぬるま湯から取り出し、軽く一押しして、内部に空気が残らないようにする。再度沈めて、ふちまでぎりぎりに満たす。この手順は絶対に必要なものではないけれど、こうしておけば、憎らしい空気があなたに入ってしまって、大切な人といる時に大きな音をたてるリスクを減らせる。

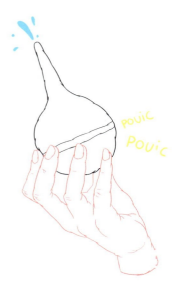

↓

それから、トイレに行って、この素敵なゴム球を肛門に差しこむ。水が全部入ったら、緊張を緩める。すると、それまではまったく便が混じっていなかった水が自然に外に出る。

↓

もう一度か二度、繰り返す。

　これでようやく準備完了。安心して肛門性交ができる。これは便秘の解消にもものすごく役立つ。

お茶にしましょう！

Tea time !

　寒い？　だったら熱くておいしいお茶を飲んで、インスピレーションが導いてくれる場所に唇をあてよう。

アダルト作品に慣れてしまうと、
オーガズムが得にくくなる

アダルト作品に夢中になっている（それもパートナー抜きで）人のために。

アダルト作品は便利だけれど、脳をちょっと怠け者にする。そこで提供されるイメージに慣れてしまうと、現実に直面した時に失望することになる。

アダルト作品が悪いとは言わない。ただ、私が気づいたのは、想像を膨らませるほど、そして快感に集中するほど、より満足できるオーガズムが得られるということ。

そこで、アダルト作品依存から一歩ずつ抜け出すための計画：

*第一のステップ：アダルト作品の鑑賞時間を徐々に減らして、最後はゼロにする。意志の力が必要だけれども、できるはず！
*第二のステップ：ゼロにできたら、興奮した場面を思い出し、実際の映像を見なくてもオーガズムを得られるかどうか試してみる。
*第三のステップ：想像力を働かせる。再びオーガズムを得られるように、自分の空想を創り出す。文学やポッドキャストからインスピレーションを得てもいい。

ここまでできたら、ビジュアルや想像の助けを借りずに、快感だけに意識を集中できるかどうか試してみよう。脳が言うことを聞いてくれるまでには時間がかかるかもしれない。でも、それだけの価値はある。絶対に！

Le coït pourrait être une option, non un but.

性交は目的ではなく、選択肢である。

ふうっー……暑くない?

Fiou... fait chaud, non ?

暑い時は、氷をしゃぶってから、舌をパートナーの性器にあてがう。夏の盛り、涼しくなること請け合い！

平らにする

Bien à plat

舌をぺたっと平らに伸ばす。肛門を舐める時みたいに。
そう、まさしくそのように。

崇高なるマスターベーションの歓び

　これは魔法の儀式。あなたの体を限界まで押しやり、自分を愛することを教え、あるいは単に、時間をかけることをもう一度学ばせてくれる。

　まず最初に、部屋を片付ける。くつろげて居心地よくなるようにして。日ごろからそうしておけばいいのだけれど。『ユーポーン』（アメリカのアダルト動画共有サービス）のことは忘れよう。もう必要ないから。スマホとパソコンの電源も切っておく（軽く音楽を流したいならばそのままで）。照明を消して、キャンドルを灯す。香りを漂わせてリラックスするために、お香を焚くか、エッセンシャルオイルのディフューザーを出す。鏡とマッサージオイルとディルド（持っていないなら、オーガニック栽培のズッキーニを洗って使ってもいい）を用意し、音楽をかける。

　これで準備はできた。始めましょう。

　まず最初に、「さあ、リラックスして」と自分に大きく声をかける。そのあとは、そのまま続けるのも、もっとリラックスするのも、一息入れるのもあなた次第。

　ここで、マッサージオイルを体に塗る。頭皮からつま先まで、愛撫するように。ゆっくりと鏡を眺めよう。キャンドルの明かりに照らされて、なんて美しい！　この時をじっくり味わおう。

　それから、何をするかを決めるのはあなた。新しいマスターベーションのテクニックを試すこともできる。一人で肛門性交をしてもいいし、指で腟の秘密を発見するのも、精液を味わうのも、あなたの自由。そう、体を開発する方法は数限りなくある。そして、それを一人でするのは、もっと先に進むために最高のやり方。だって、誰も見ていないのだから、何も恥ずかしがることはない。さあ、自分を解き放って、ベイビー！

肛門が緩んだ状態で
一緒にいるのって、いいわね？

On n'est pas bien là,
décontracté.e.s de l'anus ?

肛門にバイブ、それが人生。
好きになったら、もっとやって。

ベッドでは、昼間の自分と別人になる

　誰もがそうなるとは言わないけれども、セックスの最中は完全に別人格になることがある。内向的で臆病で控えめな人が、ベッドでは猛々しい支配者になるかと思えば、逆に、社交的で権力を持ち、責任ある地位についている人が、ベッドでは受け身でおどおどと、支配される側になったりするものだ。

　こうして、セックスは私たちの日常生活における人格、あるいはそうなろうとしている人格から解放される場を提供してくれる。それを「逸脱」と呼ぶ人もいるけれど、私は、「力のダークサイド」が暴露されると思うのが好き。そのほうが物事を健全にしてくれるから。

肛門ならぬ"幸門"

Anusette

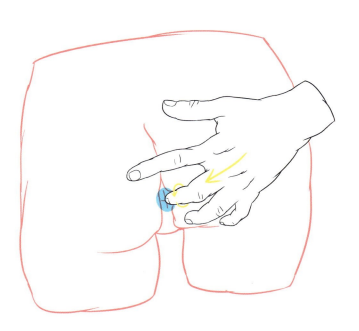

指を十分に湿らせてから、肛門の上に置き、ごく小さな弧を描く。
なんて素敵な序章。

リードするのは私！

C'est moi qui pilote !

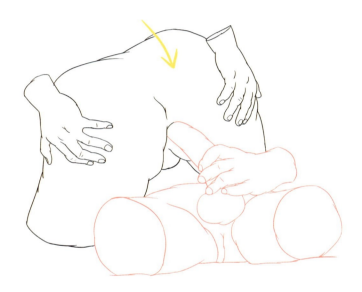

　肛門性交の初心者向けに、ちょっとしたアドバイスをするので、参考にしてほしい。もしもまだ経験がないなら、怖いと思う気持ちはよくわかる。特に挿入される側だったらなおのこと！　でも、安心して。あなたが素晴らしい時を過ごせるようにと考えたテクニックがあるから。

　まず、パートナーに動かないように頼んで、ペニス（ディルドでもいい）をイラストのように支えてもらう。ここで大切なのは、ほんの少しでも腰を動かしてはいけないとわかってもらうこと。リードするのはあな

ただから。約束が守られていて、不用意なひと突きで傷つく心配がないと確かめてから、下着を取る。リードするのはあなた！　時間をかけて静かに行おう。特にあなたが感じている場合には……。不安だったら、ペニス（もしくはディルド）をあなたが支えてもいい。

　絶対に潤滑剤を忘れないようにして。役に立つから。

セックスのあと、事後報告

　私たちの動きやパートナーの動きを改良して調整するためには、時間をかけて、よかったことも悪かったことも話し合うといい。そして、キスを……たくさんすること。

おわりに

　もっともっと絵を描きたかったし、この本をずっと書いていたかった。セックスについて話したいことがまだまだたくさんあるから。でも、編集者には早く終えるようにと急かされるし、私自身もそろそろ普通の生活に戻ったほうがいいような気がしている。セックスの最中にメモをとらなくちゃいけないのは、はっきり言ってとても疲れることだから……。

　それはともかくとして、読者の皆さんに拍手！　あなた方は性中立的言語*で書かれたこの本を読み通したのだから！あなた方が、頭の中で高度な知的曲芸に挑戦している姿を想像するという不実な歓びもあるけれど、それ以上に、この言語があらゆる環境で大きな意義を持つようになることを願っている。

　もしも、こうしたやり方が、自然なことだと思えてきたなら、それは、生涯従うべきだとされてきた古典的な図式を飛び出す時が来たということ。これまで教えられてきた表現から離れるべきだ。それらは、私たちを後ろめたく苦痛で退屈なセクシュアリティに閉じこめるから。あまりにも長い間繰り返されてきた命令を打ち砕くことから、ベッドの中での平等

は始まる。挿入される人も挿入する人もなく、どちらが“男性役”でどちらが“女性役”かを自分に問いかけることもない。服従する人も支配する人もいない。(興奮するために想像するのは、もちろん構わないけれど)。要するに、ノーマルなんてないということ。羞恥も義務もなく、自由に自己表現する体だけが存在している。もっとも、正直に言って、これを実行するプロセスは決して容易ではない。私自身、まだまだ乗り越えなくてはいけないことがたくさんある。そして、インスタグラムのフォロワーの皆さんが多くの証言を届けてくれたことに心からの感謝を捧げたい。この数年間、前に進み、成長することができたのも、あなた方が助けてくれたおかげだ。助け合うことって本当に素晴らしい。そしてこの本も美しい。なぜなら、これを書いたのは私一人ではないから……。28万*個の感謝の♡を贈りたい。

　そして、誰かが言ったように……ここで退場します。

*性中立的言語：男女平等を意識した表記法。フランス語では、性別のわからない三人称単数は「彼」、男性と女性の混ざったグループは「彼ら」と表記されるが、それを「彼もしくは彼女」、「彼らもしくは彼女たち」と表記する。また、フランス語の名詞は、男性名詞か女性名詞かに分けられ、それに応じて形容詞の末尾も変化するが、「性中立的言語」では、ドット(.)でつないで、両方を表記する
*28万：原書刊行時のインスタグラムフォロワー数

謝辞

　私を助け、ひらめきを与え、支え、いじってくれたすべての人々に感謝します。

　何よりもまず、インスタグラムのフォロワーの皆さんに28万を超える「メルシー」を捧げます。あなた方がいなかったら、私は何もできなかったでしょう。あなた方の証言は本当に多くのことを教えてくれました。あなた方はまさにひらめきの源であって、この本を書いたのはあなた方だと言えるでしょう。本当にお世話になりました。でも、印税をお支払いするわけにはいかないので、わかってくださいね。

　そして、オディール・フィロド（生物医科学の社会的研究を専門とする独立研究者）に特別な感謝を捧げます。「あなたのセックスによろしく」の章では多大な助力をいただきました。私はインターネットの記事を鵜呑みにしていたため、ご指摘がなければ、多くの誤りを犯すところでした。それから、女性医師であるクレメンティーヌ・クラージュ博士に、時間をとってくれたこと、知識を授けてくれたこと、三重あごのセルフィーを送ってくれたことに心から感謝します。

　アルセーヌ・マルキとラフロアに、性中立的言語とトランスジェンダーについて知っておくべき基礎知識を教えてくれたことを感謝します。

　常に変わらぬ友人であるエマニュエル・コルニュに、この本を読んでくれたこと、セックスについてアルコール混じりの長い議論を交わしてくれたこと、そして面白いことを言ったりやったりしてくれたことを感謝します。

序文を書いてくれたマルタン・パージュに、そして深い示唆を与えてくれたその著作『挿入を越えて』（未邦訳）に感謝を捧げます。

　ロル・ウィレムスとクリストフ・プージェに、私の写真を撮ってくれたことを感謝します。

　有能なるエージェントのアリアーヌ・ジェファールに感謝します。そして、インスタグラムを英訳してくれたジェレミー・グリフィス・ペルマルに感謝します。

　これまで知り合った、すべての男性と女性とノンバイナリーの人たちに、インスピレーションを与えてくれたことを感謝します。ダミアン・モローに、私の人生で最も大切な関係を築いてくれたこと、素晴らしい子どもを授けてくれたこと、自信を持たせてくれたことを感謝します。タクミ・コバヤシには、ロゴを作ってくれたこと、素晴らしい時を与えてくれたことを感謝します。新しい体験を渇望するあなたがこの本を書き上げる力をくれました。ニッキー・ブルケールに、挿入を越えたセックスを発見させてくれたことを感謝します。

　シールに、上質なセックスとフォンダン・ショコラと、そして、あなたに対する謝意に文句をつけてくれたことを感謝します。

　ボニーに感謝します。田舎に住んでいる人で、あなたほどセクシーな人にいません。

　ジェレミー・ガラン、ヤン・ルムニエに感謝します。元カレやセフレ、どうしようもない相手にも感謝します。

そして、下記のインスタグラムアカウントの皆さんに心からの感謝を捧げます。あなた方のインスピレーションに富む投稿のおかげで、フェミニズムに関する解釈を深めることができました。支えてくださったことに感謝を捧げます。現在は立ち位置が異なっている方々にも感謝しています。

Delphine et Léa @Mercibeaucul, Lexie-Victoire Agresti @aggressively_trans, Fanny Godebarge @cyclique_fr, Chloé Dalibon @pointdevulve, Claudia Bortolino et Camille Dochez @cacti_magazine, Coline Charpentier @taspensea, Eva-Luna Tholance @ETholance, Lauren Villers @sheisangry Aliona @_laprédiction_, Florian Nardon @Violenteviande, Manon @lecul_nu, Anaïs Bourdet @anaisbourdet, Iréné de @Irenevrose Noémie de Lattre @noemie. de.lattre, Marie Bongars @mariebongars, Justine Courtot @sang. sations Céline Bizière @lesalondesdames, Anaïs Kugel @projetmademoiselle, Sabrina de @princesseperinee, Julia Pietry @Gangduclito, Camille Aumont Carnel @Jemenbatsleclito, Sarah Constantin et Elvire Duvelle-Charles @clitrévolution, Dora Moutot @tasjoui, Guillaume Fournier @tubandes, Adam de @nouveauxplaisirs (Auteur du Traité d'Aneros), Lucas Bolivard @meufsmeufsmeufs, Mathias Pizzinato @ mathias.pizzinato

ポッドキャスターのヴィクトワール・トゥアイヨンとグレゴリー・プイーに、そして、そのそれぞれのポッドキャスト"Les couilles sur la table"(『睾丸を俎上に乗せる』)と"Vlan"(バタン！と物が倒れる時の音)に感謝します。

友人たちに感謝します。

エマニュエル・コルニュ、サラ・ハフナー、ジュリー・ボネール、アンナ・ニコル、ピエール・マクシム・スラール、ジュリアン・モンタナリ、クレマンティーヌ・ペロン、エロディー・マリアニ、エドワール・イザール、ローラ・サルク、サブリナ・ボウジディ、エリザベス＆ジョルダン・ノブレ、ジャン・グラノン、ロール・ウィレムス、ヴァランタン・ルブック、キャトリーヌ・ルサージュ、アレクサンドラ・クチャ・ヴァンリッシュ、ガエル・オレ、ジェレミー・モールジャーン、ジェレミー・ヴァンデルボッシュ、オーレリアン＆メル・オフナー、ベルトラン・ジベール、ステファニー・キャンビュ、エミリー・ビック・ノック、ルシア・ドス・サントス＆ヴィンセント・ドール、ポリーン・メイヤー、ジャン＝シャルル・ティモニエ、ヴェロニック・ボリ、ニコラ・デーズ、マキシム・クーブ、シャルロット・ピサネースキ、ベネディクト・モレ、ロール・フルニエ、マリオン・エデリウス、ジュリアン・グランジュ、ジュリア・ドォ、アリス・ラヴェルティ、アリス・セリソラ、アリックス・リャルツォス、ジャーヌ・タヨール、フレデリック・マルク・マリオン、ミヨ・オガフ、ミツホ・コガ、アルチュール・ドゥ・パン、リュシー・リメ・メーイユ、セシル・ソットン、メラニー・フィオ、トーマス・B、フェルディナン、シャルロット・コルニュ、ムーリー、シリル・ルブレ、レニ・サリエージュ、レア・パウク、シャルル・ボーネン、ヴァンサン・バルバテ、ジョナサン・クレマン、ローリー・ドーバ、アレックス・アステール・ティアック、ジェレミー・コルティアル、マルク・アセイリー、マルゴ・スージー、ステファン・イールロウマン、ロドルフ・ベセー、バンジャマン・エルベ、ステファン・マーワル、エミリアン・シートニーコーヴ、マティアス・パージ、ヴァランタン・シェネ、ルイ・トゥルニエ、どうも有難うございます。

　家族に感謝します。パパとママ、支えてくれてどうも有難う。従兄のアンソニーとカミーユ・ブドン、貴重な協力をどうも有難う。ジゼル伯母さん、私のクリトリスを気遣ってくれてどうも有難うございます。大丈夫、元気にしていま

す。その他の人たちにも感謝します。たとえこの話題に関して、ノリノリで話をすることはなかったとしても。

　そして最後に、愛する息子のアベルに感謝します。何もかも投げだしてしまいたいと思った時——だって人生は時としてクソだから——にも、前に進む力をくれて、どうも有難う。

参考サイト・SOS窓口　リンク集

性と体ついて

① 日本性分化疾患患者家族会連絡会　ネクスDSDジャパン
　　https://www.nexdsd.com/

性別の違和や同性愛に関する相談

② よりそいホットライン
　　セクシュアルマイノリティ専門ライン
　　☎ 0120-279-338（ガイダンスが流れたら「4」を押す）
　　☎ 0120-279-226（岩手県、宮城県、福島県からお掛けの場合。ガイダンスが流れたら「4」を押す）
　　https://www.since2011.net/yorisoi/n4/

性暴力にあった時のSOS

③ 性犯罪・性暴力被害者のためのワンストップ支援センター
　　（内閣府男女共同参画局）
　　☎ #8891
　　https://www.gender.go.jp/policy/no_violence/seibouryoku/consult.html

④ 性犯罪・性暴力とは（内閣府男女共同参画局）
　　https://www.gender.go.jp/policy/no_violence/seibouryoku/index.html

⑤ 警察庁　性犯罪被害相談電話［全国統一］
　　☎ #8103
　　https://www.npa.go.jp/higaisya/seihanzai/seihanzai.html

妊娠・避妊・中絶について

⑥ 緊急避妊薬・低用量ピル処方施設検索（日本家族計画協会）
https://www.jfpa-clinic.org/s/

⑦ ピルにゃん　みんなで作るピル情報の総合サイト
https://pillnyan.jp/

⑧ Safe Abortion Japan Project（SAJP）　安全な中絶と流産について
https://safeabortion.jp/

⑨ #なんでないの　日本の避妊は ないものだらけ。
https://www.nandenaino.com/

性に関する病気・痛みについて

⑩ 子宮頸がんとHPVワクチンに関する正しい理解のために（日本産科婦人科学会）
http://www.jsog.or.jp/modules/jsogpolicy/index.php?content_id=4

⑪ JECIE　子宮内膜症情報ステーション
http://www.jecie.jp/

⑫ FuanFree（ふあんふりー）性交痛に特化した情報発信サイト
https://fuanfree.com/

JÜNE PLÃ
ジュン・プラ

マルセイユ出身。オンラインゲームのキャラクターデザイナーをしている。何よりも好きなものはセックスと2000年代R&B。問題は、ずいぶん前からセックスが単調になっていたことと、「#MeToo」運動のさなか、R.ケリー*にひどく失望させられたこと。これを解決するにはどうすればいい？　R&Bについては、まだデスティニーズ・チャイルド*がいるから大丈夫。でも、セックスに関しては、挿入だけが人生ではないことをパートナーたちにわからせるには、絵を描くほかに手段がなかった。そこで、イラスト付きの考察をインスタグラムに投稿したところ、これが大変な人気を呼んだ。1年半で、インスタグラム"ジュイサンス・クラブ"が獲得したフォロワーはなんと30万人！　つまり、みんなが悩んでいたということ？

＊R.ケリー：「R&B界の帝王」と呼ばれた人気シンガーソングライター。2019年に、未成年者を含む10件以上の性的犯罪容疑で逮捕された
＊デスティニーズ・チャイルド：アメリカ合衆国のR&B音楽グループ

翻訳者

吉田良子／よしだ・よしこ

1959年生まれ、早稲田大学第一文学部卒、仏文翻訳家。主な訳書に、シャン・サ『女帝 わが名は則天武后』（草思社）、アレクサンドル・デュマ『ボルジア家風雲録』（イースト・プレス）、ジャン＝ガブリエル・コース『色の力』（CCCメディアハウス）、ロジェ・ゲスネリ他『世界一深い100のQ』、ミレーヌ・デクロー『大人が自分らしく生きるためにずっと知りたかったこと』（ともにダイヤモンド社）など。

監修者

高橋幸子／たかはし・さちこ

埼玉医科大学医療人育成支援センター・地域医学推進センター／産婦人科医。日本家族計画協会クリニック非常勤医師。彩の国思春期研究会西部支部会長。年間120回以上、全国の小学校・中学校・高等学校にて性教育の講演を行っている。NHK「あさイチ」、「ハートネットTV」、「夏休み！ラジオ保健室〜10代の性 悩み相談〜」に出演、AbemaTVドラマ「17.3 about a sex」、ピル情報の総合サイト「ピルにゃん」、家庭でできる性教育サイト「命育」を監修するなど、性教育の普及や啓発に尽力する。書籍では著書として『答えは本の中に隠れている』（岩波ジュニア新書）、『サッコ先生と！ からだこころ研究所 小学生と考える「性ってなに？」』（リトル・モア）、監修書として『世界中の女子が読んだ！ からだと性の教科書』（NHK出版）がある。

STAFF

装丁・本文デザイン：月足智子
校正：円水社

あなたのセックスによろしく
快楽へ導く挿入以外の140の技法ガイド

2021年6月6日　初版発行

著者　　　ジュン・プラ
訳者　　　吉田　良子
監修者　　高橋　幸子
発行者　　小林　圭太
発行所　　株式会社 CCC メディアハウス
　　　　　〒141-8205　東京都品川区上大崎3丁目1番1号
　　　　　電話　03-5436-5721（販売）　03-5436-5735（編集）
　　　　　http://books.cccmh.co.jp
印刷・製本　株式会社新藤慶昌堂

© Yoshiko Yoshida,2021
Printed in Japan
ISBN978-4-484-21106-0
落丁・乱丁本はお取替えいたします。
無断複写・転載を禁じます。